Web Programming

웹프로그래밍

지 은 이 | 박정호 · 안혜선

선문대학교

웹프로그래밍

초판 1쇄 인쇄 | 2016. 2. 25
초판 1쇄 발행 | 2016. 2. 28

지 은 이 | 박정호 · 안혜선
발 행 처 | 선문대학교 출판부
발 행 인 | 황 선 조
발 행 처 | 선문대학교 출판부
등록번호 | 제 9호
등 록 일 | 1998년 9월 25일
주 소 | (31460) 충남 아산시 탕정면 선문로 221번길 70
전 화 | 041-530-2827 FAX | 041-530-2979

인 쇄 | 다 해 (02-2266-9247)

판 매 가 | 14,000원

ISBN 978-89-8423-796-4 93500

웹프로그래밍

박정호 · 안혜선

머 리 말

요즘은 인터넷을 사용하는 거의 모든 장치에서 HTML을 사용하고 있는데, HTML이란 간단히 말하면 컨텐츠 제공자가 사용자에게 컨텐츠를 쉽고 편하게 보여 주기 위한 일종의 문서를 말합니다.

HTML(Hyper Text Makeup Language)은 컨텐츠를 웹브라우저에 표시하는 마크업 언어(Makeup Language)로서, 하이퍼 텍스트(Hyper Text)란 하나의 문서(Text)를 작성하는 것에 그치는 것이 아니라, 문서와 문서를 링크를 통해 상호 연결함으로써 다양한 정보를 손쉽게 검색할 수 있도록 접근 방식을 다양화 시킨 문서를 가리키고, 마크업이란 이미지와 다른 리소스를 규격화된 페이지안에 만드는 것을 뜻합니다.

HTML은 1991년 10월 버전 1.0이 발표된 후, HTML2와 HTML3 그리고 HTML4등 꾸준히 발전을 거듭하여, 2012년 12월 최신 버전인 HTML5가 발표되었는데, HTML5는 아직도 표준 지정이 완료되지 않았고 계속 변경중입니다.

HTML문서는 기본적으로 정의한 내용만을 보여주기 때문에 HTML문서를 변경하지 않는 한, 홈페이지의 방문자는 항상 같은 내용만 보게 되는데 이러한 점을 보완하기 위해 HTML 확장언어가 만들어졌으며 HTML 확장언어의 대표적인 것이 자바스크립트(JavaScript)입니다. 이와 같이, JavaScript란 HTML 및 CSS와 함께 웹을 구성하는 중요한 요소로서, HTML이 웹 페이지의 기본 구조를 담당하고, CSS가 디자인을 담당한다면 JavaScript는 웹 페이지가 동작하는 것을 담당합니다.

본 교재에서는 웹프로그래밍 학습을 위하여 HTML과 CSS 그리고 JavaScript를 다루고 있는데, 단계별 실습을 통해 프로젝트를 완성해 봄으로써, 웹프로그래밍 능력을 자연스럽게 학습할 수 있도록 하였으며, 특히, 본 교재에서는 다양한 예제를 제공함으로써 학습한 내용을 반복하여 실습할 수 있도록 하였습니다.

2015년 1월

저자일동

목 차

제 1 부 HTML

제 1장
세종대왕 홈페이지 만들기

· 학습 목표

이 장에서는 HTML문서의 기본 구조를 이해하고, HTML문서를 만드는데 필요한 기본적인 태그의 활용법 등에 대한 학습을 하도록 한다.

· 학습 내용

- <html>태그, <head>태그, <title>태그, <body>태그, <h>태그, <font>태그, <li>태그 그리고 <p>태그 학습

다음과 같은 세종대왕을 소개하는 홈페이지를 작성하도록 한다.

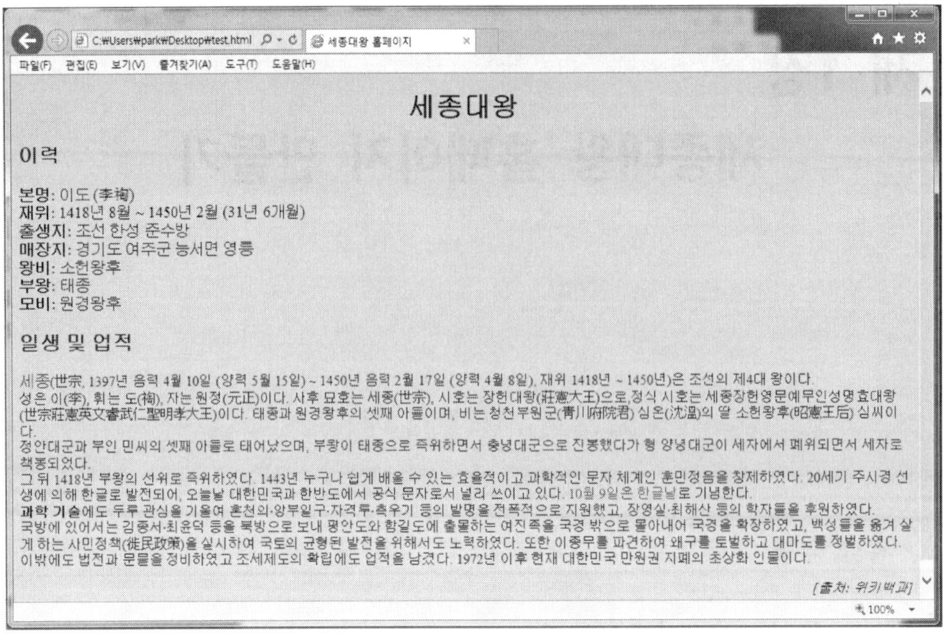

제 1 절 간단한 HTML 문서 작성하기

HTML 문서를 작성하기 위해서는 특별한 편집기를 필요로 하지 않는데, 여기서는 Windows 운영체제에서 기본적으로 설치되어 있는 『메모장』을 이용하여 학습하도록 한다.

HTML 문서 작성법을 이해하기 위하여 다음과 같은 간단한 HTML 문서를 작성해 보도록 한다.

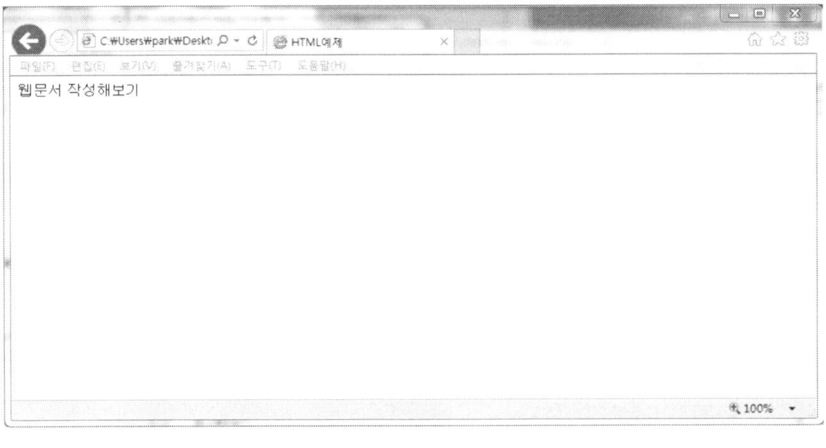

[step 1] Windows의 [시작]버튼을 선택하여 '메모장'을 연다. 그리고, 메모장에서 다음과 같이 입력한다.

```
<!doctype html>
<html>
 <head>
  <meta charset="UTF-8">
   <title>HTML예제</title>
 </head>
<body>웹문서 작성해보기
</body>
</html>
```

Tip. HTML 문서 작성 툴

· **UltraEdit-32**

UltraEdit-32는 http://www.ultraedit.com에서 다운받아 사용할 수 있으며 제품등록하지 않으면 일정기간동안 무료로 사용할 수 있는 쉐어웨어이다.

· **EditPlus**

EditPlus는 http://www.editplus.com/kr에서 다운받아 사용할 수 있으며, 한국에서 제작되어 한글로 되어 있는 쉐어웨어이다.

· **AcroEdit**

AcroEdit는 무료소프트웨어로서, http://www.acroedit.pe.kr 에 접속하여 아무런 제한 없이 쉽게 다운받아 사용할 수 있다.

[step 2] [파일]-[다른 이름으로 저장] 메뉴를 클릭하여 '다른 이름으로 저장'윈도우를 통해 입력한 파일을 저장한다. 파일의 이름부분에 파일이름을 입력하고, 확장자명은 .html이나 .htm으로 입력한다.

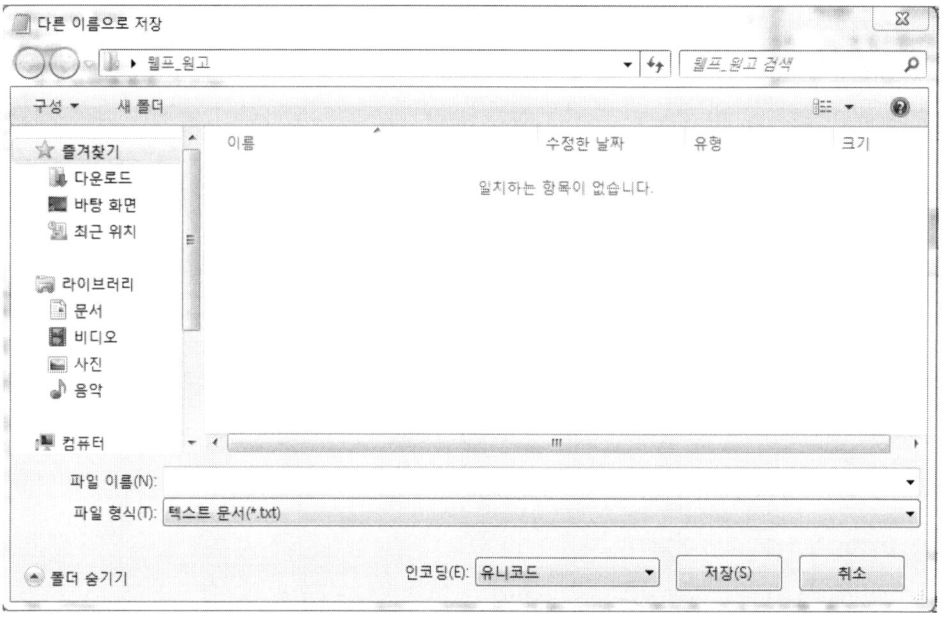

Tip. 확장자명 .html과 .htm

html과 htm은 서로 같은 형식의 파일로서, 원래 명칭은 html이였으나, 도스(MS-dos)에서는 3자 이상의 확장자명을 지정할 수 없었기 때문에 htm을 사용하였고, 윈도우 95이상에서는 긴 파일명을 지원하고 있기 때문에 html을 사용하고 있다.

[step 3] 작성한 HTML 문서를 실행하기 위해서는, 먼저 웹브라우저를 실행한다. 그리고나서, [파일]-[열기]메뉴를 선택한다. 이때, 다음과 같은 열기 대화상자가 나타난다.

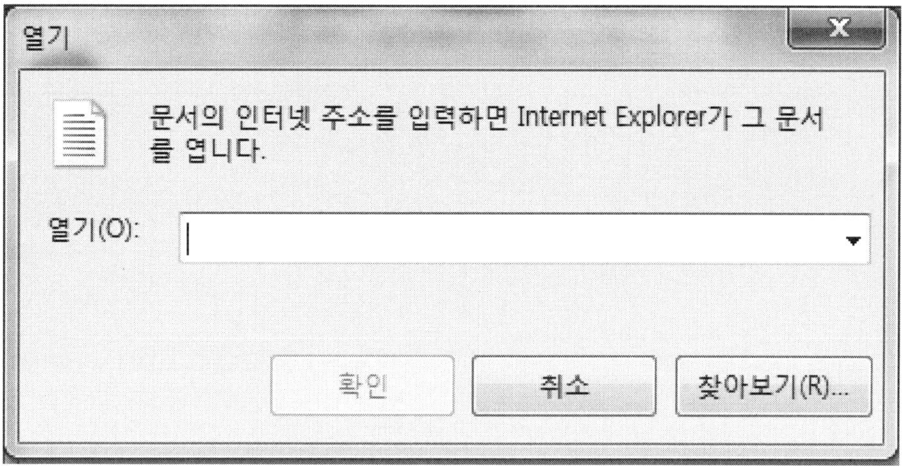

[step 4] 열기 대화상자에서 [찾아보기]버튼을 클릭하면 다음과 같은 윈도우가 나타난다.

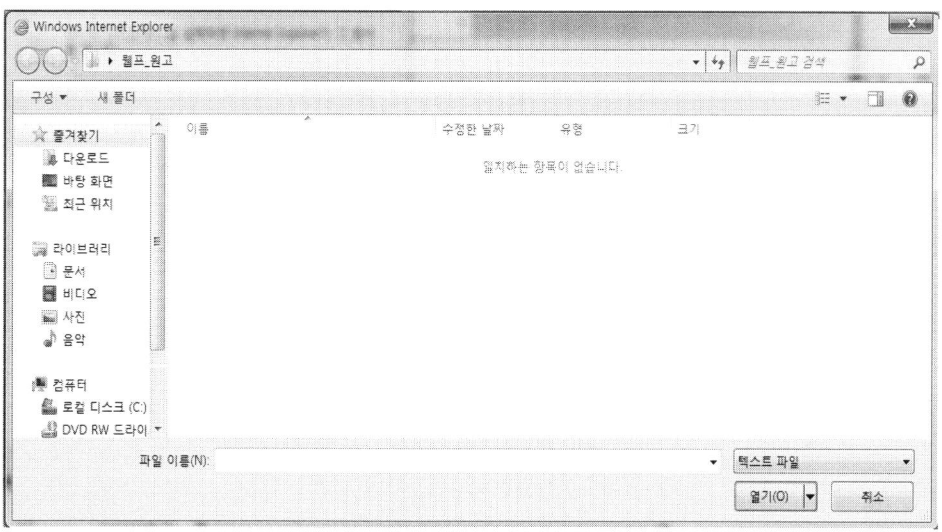

[step 5] 실행할 파일을 찾아서 선택한 후, [열기]버튼을 클릭한다.

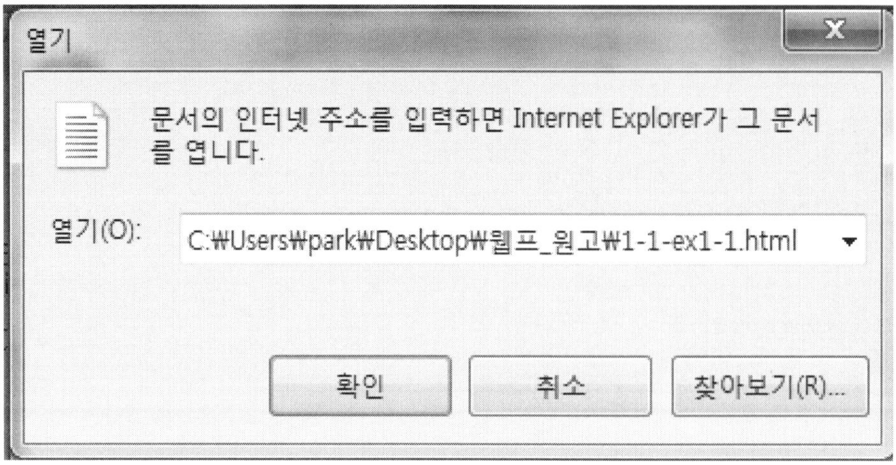

[step 6] [확인]버튼을 클릭하면 웹브라우저에서 실행된 HTML문서를 확인할 수 있다.

Tip. 웹브라우저

· 익스플로러(Explorer)

마이크로소프트에서 개발한 브라우저로 현재 전 세계에서 가장 많이 사용하는 브라우저이다.

· 파이어폭스(FireFox)

속도가 매우 빠르며 보안 및 사용자 프라이버시에 강하다는 평가를 받고 있는 브라우저이다.

· 오페라(Opera)

많은 단축키를 지원하며, 작은 용량과 빠른 속도로 인해 낮은 사양의 컴퓨터에서도 원활하게 구동되는 브라우저이다.

Tip. html 문서구조

html 문서는 기본적으로 다음과 같이 구성된다.

HTML 문서 시작	<!doctype html> <html>
HTML 문서 설명	<head> <title>기본구조</title> </head>
HTML 문서 본문	<body> HTML 문서구조 이해하기 </body>
HTML 문서 종료	</html>

html 문서는 제목, 본문, 하이퍼링크, 리스트를 포함한 다양한 요소(element)로 구성되는데, 위에서와 같은 이러한 요소는 <html>, <head>, <body>와 같은 태그(tag)로 표시한다. 브라우저가 요소의 범위를 알 수 있도록 시작 부분은 시작태그(start tag), 종료 부분은 종료태그(end tag)를 사용하며, 태그는 꺽쇠기호(<>)로 나타내는데, 꺽쇠기호는 브래킷(bracket)이라고도 부른다. <body>를 시작태그, </body>를 종료태그라고 한다.

제 2장

웹 문서에서 음악듣기

· 학습 목표

이 장에서는 멀티미디어 요소를 사용하여 웹 문서에 음악파일 또는 비디오 파일을 삽입하고 재생하는 방법을 학습한다.

· 학습 내용

- <audio>태그, <video>태그

지원하는 오디오 및 비디오 파일 형식은 MP3, Wave, MPEG4, Ogg, WebM이 있다. 웹브라우저에서 오디오와 비디오를 재생하기 위해서는 해당파일 형식이 코덱을 브라우저에서 지원해 주어야 하고, 각 브라우저에서 지원하는 코덱의 사항이 다르기 때문에 지원 여부를 확인해야 한다.

제 1 절 오디오파일 삽입하기

다음과 같이 음악 파일을 플러그인 설치 없이 재생할 수 있도록 웹 문서를 작성하기로 한다.

[step 1] 메모장을 열어서 HTML 문서의 기본 골격인 다음을 입력한다.

```
<!doctype html>
<html>
 <head>
  <meta charset="UTF-8">
   <title>테이블 기본</title>
 </head>
<body>
</body>
</html>
```

[step 2] 오디오 연결을 위해 다음과 같이 코드를 삽입한다.

```
<body>
  <div class="head">음반</div>
      <img height="200" src="m.png"/>
     <br/>
     음악 파일 <br/>
     <audio src="music.mp3" controls>
    </audio>
   </body>
```

Tip. 오디오 태그

오디오태그는 플러그인 없이 웹브라우저에서 음악을 재생할 수 있게 한다.

<audio> </audio>

· 속 성

src : 음악파일의 경로지정

preioad : 음악을 재생하기 전에 데이터를 모두 로드할지 지정

autoplay : 자동 재생여부지정

loop : 반복 여부 지정

controls : 재생도구 출력 여부 지정

· 사용법

```
<audio src="재생파일이름" controls="controls" autoplay > </audio>
```

다만, 각각의 브라우저에서 실행할 수 있는 파일의 종류가 다르기 때문에 <source>태그를 사용하여 이 문제를 해결한다.

· 사용법

```
<audio   controls="controls" autoplay >
<source src="파일.mp3" type="audio/mp3" />
</audio>
```

제 2 절 비디오파일 삽입하기

다음과 같이 비디오 파일을 플러그인 설치 없이 재생할 수 있도록 웹 문서를 작성하기로 한다.

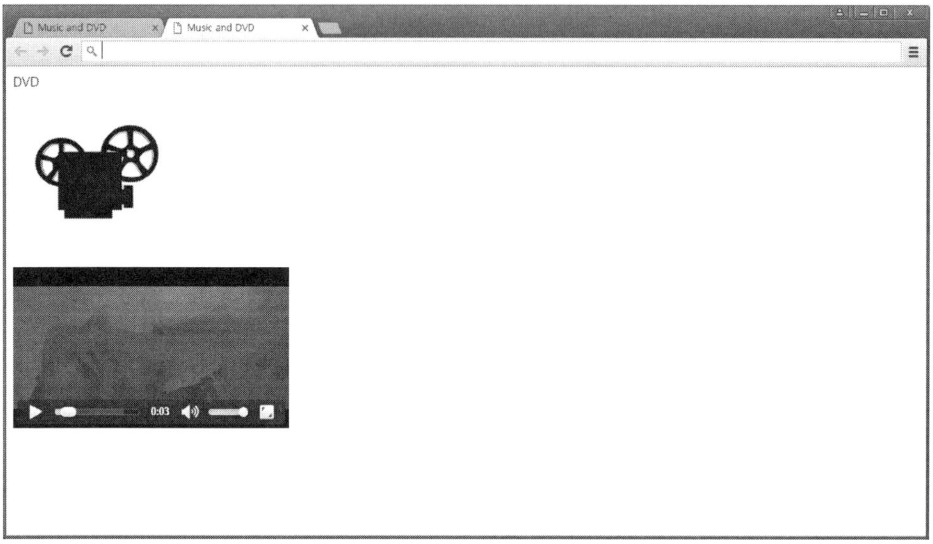

[step 1] 메모장을 열어서 HTML 문서의 기본 골격인 다음을 입력한다.

```
<!doctype html>
<html>
 <head>   <meta charset="UTF-8">
   <title>테이블 기본</title>
 </head>
<body> </body>
</html>
```

[step 2] 비디오 연결을 위해 다음과 같이 코드를 삽입한다.

```
<body>
  <div class="head">DVD</div>
   비디오 연결</p>
      <img height="200" src="dvd.png"/> <br>
      <video height="200" src="paly.mp4" controls>
      </video>
 </body>
```

Tip : **비디오 태그**

비디오태그는 웹 페이지에서 브라우저만으로 동영상을 볼 수있다.
비디오 기본 태그
<video>태그

· 속 성

src : 비디오 파일 경로 지정
poster : 비디오 준비중일 때 표시할 이미지 지정
preload : 비디오 재생전 데이터 모두 로드할지 여부
autoplay : 자동재생 여부
loop : 반복 재생 여부
controls : 비디오 재생 도구 출력 표시 지정
width : 비디오 너비
height : 비디오 높이

비디오 파일도 각 브라우저마다 지원 형식이 달라 <source>태그를 이용하여 해결한다.

· 사용법

```
<video controls="controls">
<source src="비디오파일“ type="video/mp4" />
</video>
```

제 3 절 타이틀화면에 하이퍼링크 연결하기

하나의 이미지에 여러 개의 링크를 만들어 이동하는 페이지를 작성하기로 한다. 다음 그림에서 3개의 사각형 영역을 지정하여 각각 링크를 연결한다.

[step 1] 메모장열고 기본 HTML 문서를 작성한다.

```
<html >
<head>
        <meta http-equiv="content-type" content="text/html; charset=euc-kr" />
        <title> 이미지맵 </title>
</head>
<body>
</body>
</html>
```

[step 2] 문서에 이미지를 불러온다.

```
<body>
        <img src="title.png" alt="" usemap="#Map1" />
</body
```

[step 3] map 태그를 이용하여 링크를 설정할 곳의 영역을 지정한다.

```
<body>
        <img src="title.png" alt="" usemap="#Map1" />
        <map name="Map1">
        <area shape="rect" coords="185, 285, 300, 375" href="http://www.kisa.org"
alt="KISA" border="0" />
        <area shape="rect" coords="25,100,200,270" href="http://www.iecoin.or.kr"
 alt="인터넷윤리" border="0" />
        <area shape="rect" coords="580,160,760,280" href="http://www.ieq.or.kr"
alt="IEQ" border="0" />
        </map>
</body>
```

Tip. 이미지 맵

이미지 맵은 특정 이미지의 좌표 목록이라고 할 수 있다. 하나의 이미지를 영역에 따라 다른 문서나 하이퍼링크를 생성하기 위해 사용되어진다.
이미지맵은 먼저 <img>태그로 해당 이미지맵의 이름을 지정해주는 usemap속성을 가지고 있다. 그리고 <map>과 이미지맵 내부에서 클릭할 수 있는 각각의 영역을 정의해 주는 <area>를 설정해준다.

· **속 성**

-usemap : 이미지 이름

- shape : 이미지를 선택한 후 어떤 모양으로 이미지맵을 만들지 결정

사각형 : rect - coords= x1,y1, x2, y2

원 : circle - coords= x1,y1, r

다각형 : poly - coords= x1,y1, x2, y2,x3,y3 ....

· **사용법**

```
<img src="source.jpg" usemap="#mapname">
<map name="mapname">
 <area shape="rect" coords="0, 0, 20, 20" href=" 링크주소 >
</map>
```

usemap의 이름과 map태그 속성인 name은 같아야 한다.

제 3장

커피원두 홈페이지 만들기

· 학습 목표

이 장에서는 홈페이지 작성시 활용 빈도가 매우 높은 시간표와 같은 모양의 테이블(table) 만드는 방법을 비롯하여 테이블 구성에 대한 전반적인 학습을 하도록 한다.

· 학습 내용

- <table>태그, <tr>태그, <td>태그, 그리고 <th>태그 학습

제 1 절 간단한 커피원두 홈페이지 작성

커피원두에 대한 다음과 같은 홈페이지를 작성하도록 한다.

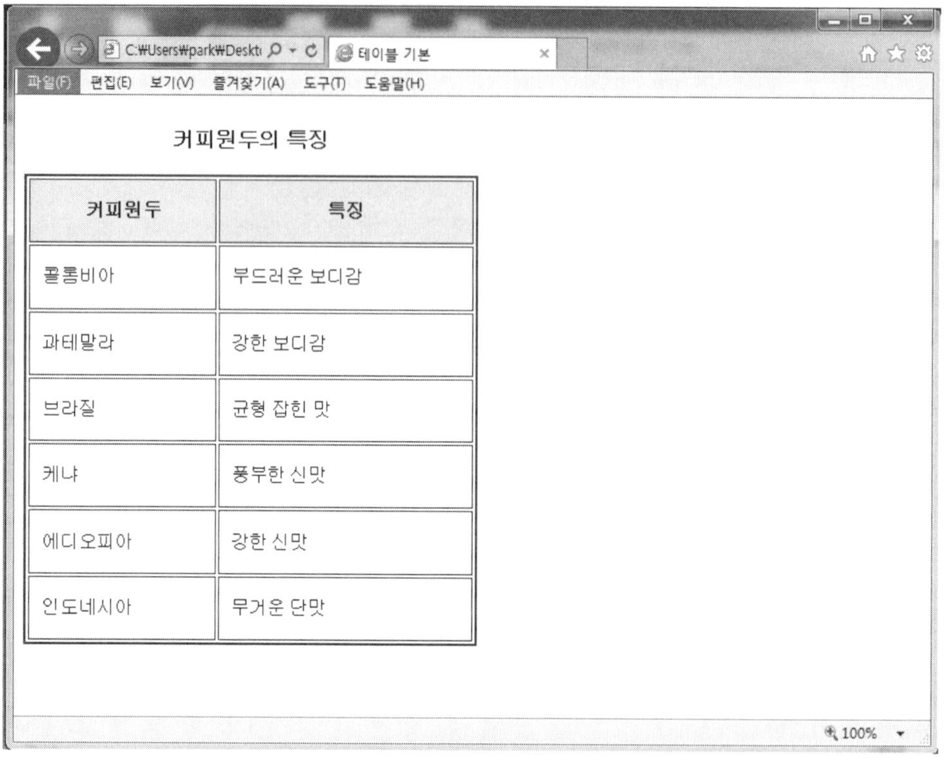

커피원두의 특징

커피원두	특징
콜롬비아	부드러운 보디감
과테말라	강한 보디감
브라질	균형 잡힌 맛
케냐	풍부한 신맛
에디오피아	강한 신맛
인도네시아	무거운 단맛

[step 1] 메모장을 열어서 HTML 문서의 기본 골격인 다음을 입력한다.

```
<!doctype html>
<html>
 <head>
  <meta charset="UTF-8">
   <title>테이블 기본</title>
 </head>
<body>
</body>
</html>
```

[step 2] <body> 태그 안에 테이블을 만들기 위하여 다음과 같이 입력하여 아래와 같이 표시될 수 있도록 한다.

```
<table height="400" width="400" border="2" bordercolor="#01DF01" cellpadding="10">
<caption>
 <h3>커피원두의 특징</h3></caption>
```

Tip. 〈TABLE〉 태그

하나의 테이블을 만들기 위해서는 <table>태그로 시작하여 </table>태그로 종료하며 그 사이에 행과 열에 해당하는 태그를 삽입함으로써 테이블을 작성할 수 있으며, 속성으로는 border, align, background, bgcolor, bordercolor, cellspacing, cellpadding, width, height, colspan, rowspan 등이 있고, 형식은 다음과 같다.

<table 속성=값 속성=값 ...>
</table>

· **border 속성**
테이블을 작성할 때, 선(border)을 표시할지를 지정(1은 선을 표시, 0은 무표시)
· **align 속성**
정렬방식을 지정(left : 왼쪽정렬, right : 오른쪽정렬, center : 가운데정렬)
· **background 속성**
배경 이미지를 설정할 때 사용
· **bgcolor 속성**
배경색을 지정할 때 사용
· **bordercolor 속성**
선의 색상을 지정할 때 사용
· **cellspacing 속성**
테이블안의 셀과 셀 사이의 간격을 지정할 때 사용
· **cellpadding 속성**
셀의 안쪽 여백을 지정할 때 사용
· **width 속성**
테이블의 넓이를 지정할 때 사용
· **height 속성**
테이블의 높이를 지정할 때 사용
· **colspan 속성**
가로로 셀을 합병할 때 사용
· **rowspan 속성**
세로로 셀을 합병할 때 사용

Tip. 〈caption〉 태그

테이블의 제목을 표기하는데 사용하는 태그로서, 대부분의 웹브라우저는 테이블의 맨 위 가운데로 정렬해서 제목을 표시한다.

[step 3] 생성한 테이블에 한 셀을 만들어서 데이터를 입력하기 위하여 다음과 같이 입력하여 아래와 같이 표시되도록 한다.

```
<tr width="150" bgcolor="#ccffcc" >
        <th>커피원두</th>
        <th>특징</th>
</tr>
```

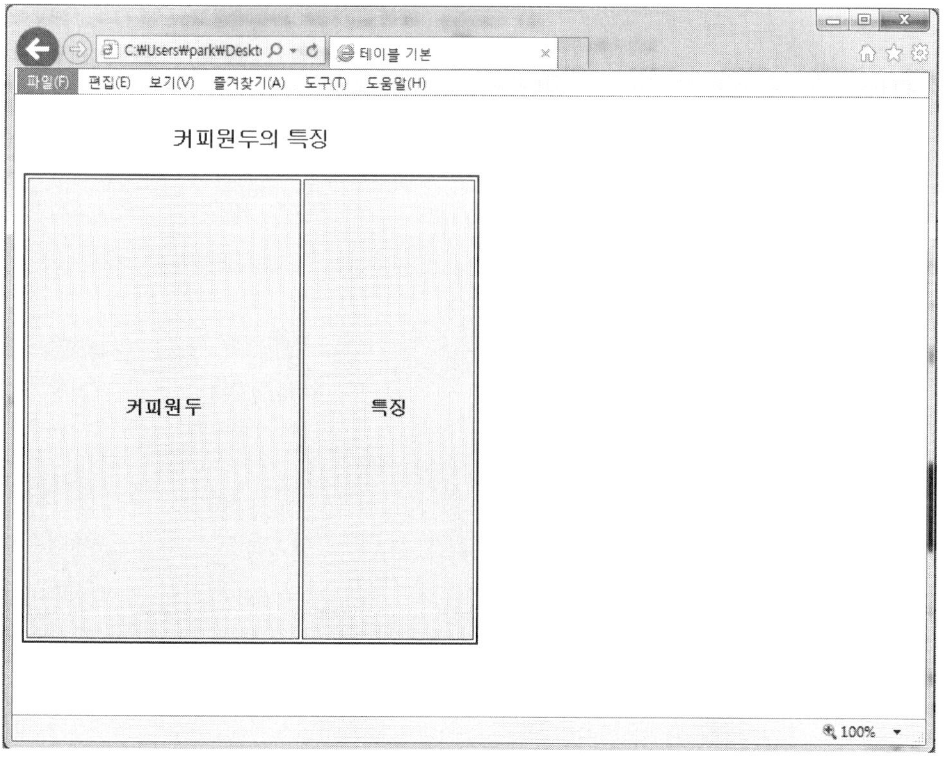

Tip. 〈tr〉 태그

Table Row의 약자로, 테이블의 가로 줄을 표시하는데 사용하며, 기본값은 보통 글씨체에 왼쪽정렬한다. 또한, 속성으로는 align, background, bgcolor, width, height 등이 있다.

- **align 속성**
  정렬방식을 지정(left : 왼쪽정렬, right : 오른쪽정렬, center : 가운데정렬)
- **background 속성**
  배경 이미지를 설정할 때 사용
- **bgcolor 속성**
  배경색을 지정할 때 사용
- **width 속성**
  테이블의 넓이를 지정할 때 사용
- **height 속성**
  테이블의 높이를 지정할 때 사용

Tip. 〈th〉 태그

Table Head의 약자로, 테이블의 제목을 표시하는데 이용하며, 기본값은 굵은 글씨체에 중앙정렬한다. 또한, 속성으로는 align, background, bgcolor, width, height, colspan, rowspan 등이 있다.

- **align 속성**
  정렬방식을 지정(left : 왼쪽정렬, right : 오른쪽정렬, center : 가운데정렬)
- **background 속성**
  배경 이미지를 설정할 때 사용
- **bgcolor 속성**
  배경색을 지정할 때 사용
- **width 속성**
  테이블의 넓이를 지정할 때 사용
- **height 속성**
  테이블의 높이를 지정할 때 사용
- **colspan 속성**
  가로로 셀을 합병할 때 사용
- **rowspan 속성**
  세로로 셀을 합병할 때 사용

[step 4] 커피원두에 대한 정보를 입력하기 위하여 다음과 같이 입력하여 아래와 같이 나타나도록 한다.

```
<tr>
        <td>콜롬비아</td>
        <td>부드러운 보디감</td>
</tr>
```

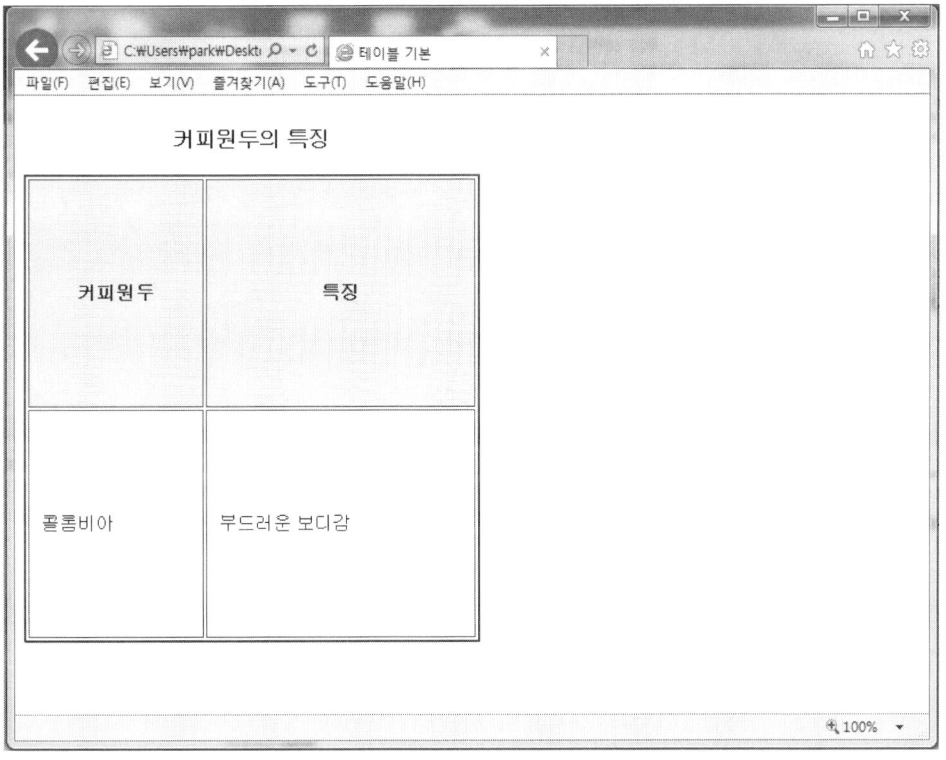

Tip. 〈td〉 태그

Table Data의 약자로, 테이블의 데이터를 표시하는데 이용하며, 기본값은 굵은 글씨체에 왼쪽정렬한다. 또한, 속성으로는 align, background, bgcolor, width, height, colspan, rowspan 등이 있다.

- **align 속성**
  정렬방식을 지정(left : 왼쪽정렬, right : 오른쪽정렬, center : 가운데정렬)
- **background 속성**
  배경 이미지를 설정할 때 사용
- **bgcolor 속성**
  배경색을 지정할 때 사용
- **width 속성**
  테이블의 넓이를 지정할 때 사용
- **height 속성**
  테이블의 높이를 지정할 때 사용
- **colspan 속성**
  가로로 셀을 합병할 때 사용
- **rowspan 속성**
  세로로 셀을 합병할 때 사용

[step 5] 커피원두 홈페이지를 완성하기 위하여 다음을 입력하여 아래와 같이 나타나도록 한다.

```
<tr>
        <td>과테말라</td>
        <td>강한 보디감</td>
</tr>
<tr>
        <td>브라질</td>
        <td>균형 잡힌 맛</td>
</tr>
```

```
<tr>
        <td>케냐</td>
        <td>풍부한 신맛</td>
</tr>
 <tr>
        <td>에디오피아</td>
        <td>강한 신맛</td>
</tr>
<tr>
        <td>인도네시아</td>
        <td>무거운 단맛</td>
</tr>
```

제 2 절 커피원두 소개 셀 병합형 홈페이지 작성

다음과 같은 커피원두를 소개하는 홈페이지를 작성하기로 한다.

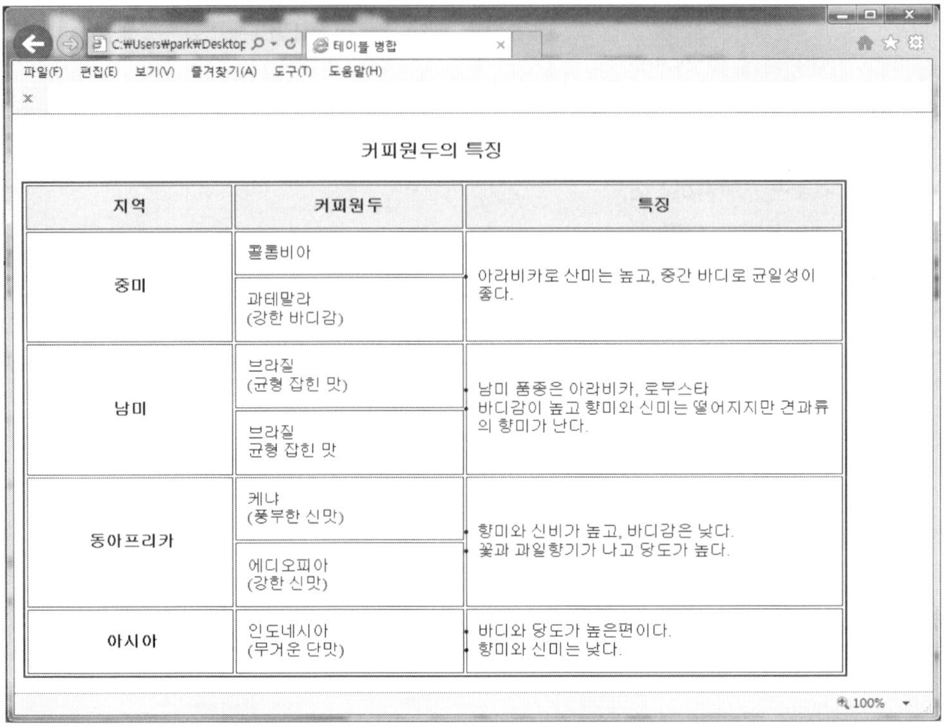

지역	커피원두	특징
중미	콜롬비아	아라비카로 산미는 높고, 중간 바디로 균일성이 좋다.
	과테말라 (강한 바디감)	
남미	브라질 (균형 잡힌 맛)	남미 품종은 아라비카, 로부스타 바디감이 높고 향미와 신미는 떨어지지만 견과류의 향미가 난다.
	브라질 균형 잡힌 맛	
동아프리카	케냐 (풍부한 신맛)	향미와 신비가 높고, 바디감은 낮다. 꽃과 과일향기가 나고 당도가 높다.
	에디오피아 (강한 신맛)	
아시아	인도네시아 (무거운 단맛)	바디와 당도가 높은편이다. 향미와 신미는 낮다.

[step 1] 메모장을 열어서 HTML 문서의 기본 골격인 다음을 입력한다.

```
<!doctype html>
<html>
 <head>
  <meta charset="UTF-8">
   <title>테이블 병합</title>
 </head>
<body>
</body>
</html>
```

[step 2] <body> 태그 안에 테이블을 만들기 위하여 다음을 입력하여 아래와 같이 표시될 수 있도록 한다.

```
<table height="500" width="800" border="2" bordercolor="#01DF01" cellpadding="10">
<caption>
<h3>커피원두의 특징</h3></caption>
</table>
```

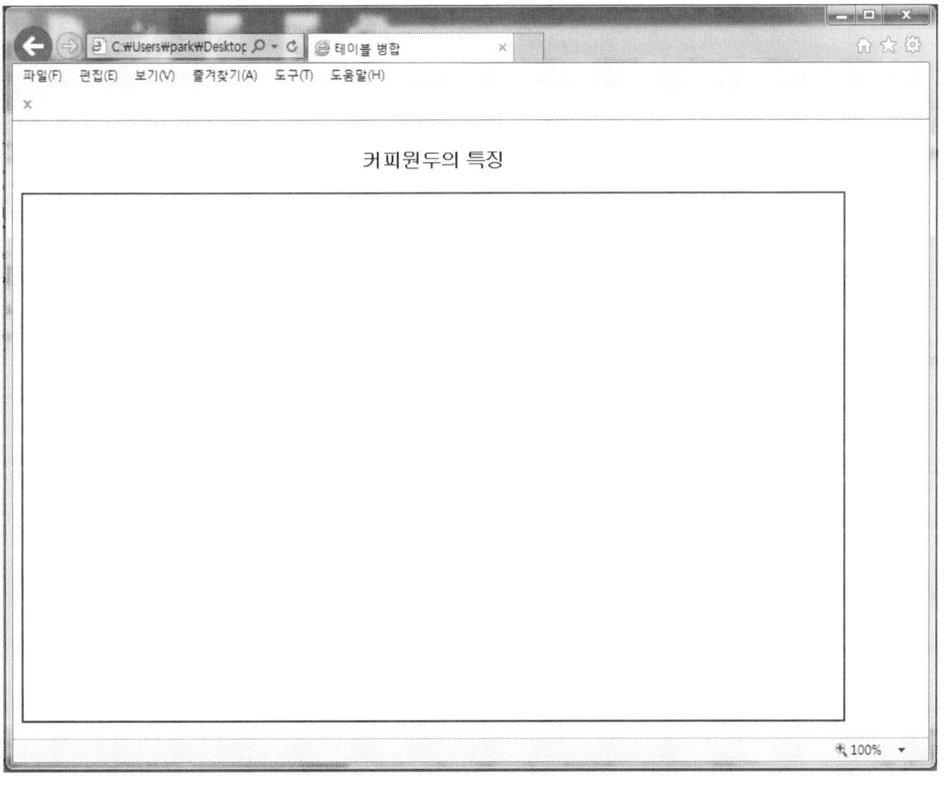

[step 3] 테이블의 제목을 표시하기 위하여 다음을 입력하여 아래와 같이 표시될 수 있도록 한다.

```
<tr bgcolor="#ccffcc" >
<th width="180" > 지역</th>
        <th>커피원두</th>
        <th>특징</th>
</tr>
```

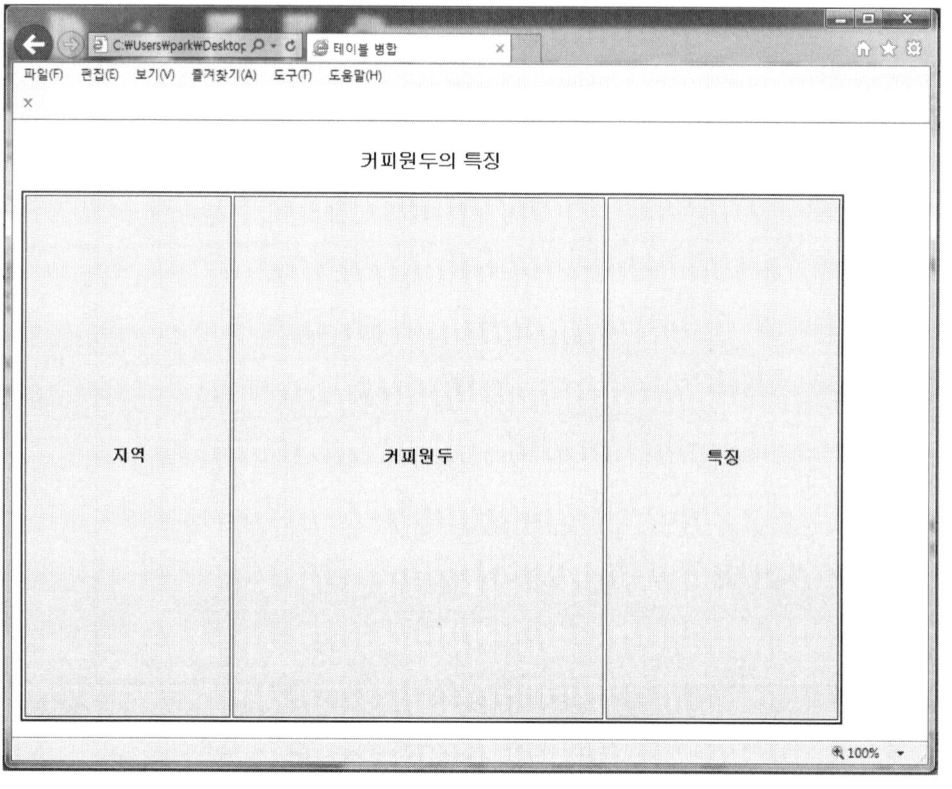

[step 4] 중미지역에서 생산되는 커피원두에 대한 정보를 아래와 같이 표시될 수 있도록하기 위해서는 다음과 같이 입력하면 된다.

```
<tr>
<th rowspan="2">중미</th>
        <td>콜롬비아<br> </td>
        <td rowspan="2"><li>아라비카로 산미는 높고, 중간 바디로 균일성이 좋다.</td>
</tr>
```

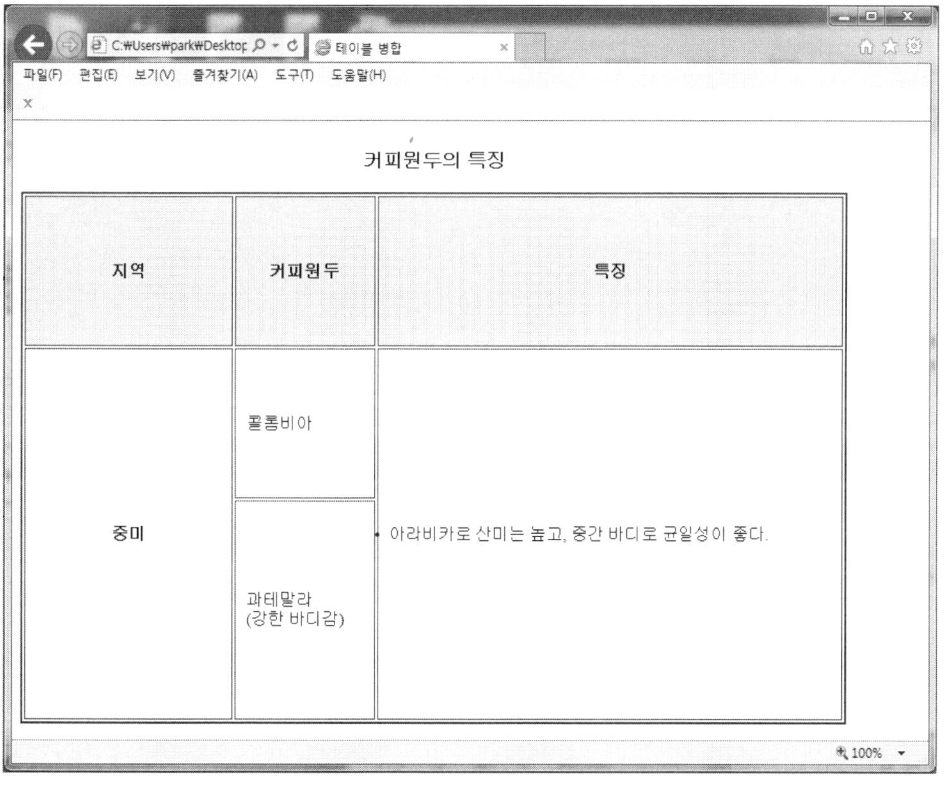

Tip. rowspan(행 합병)

테이블에서 가로로 표시된 여러 개의 셀, 즉 행을 합쳐주는 속성이다.

· 사용예

```
<html>
 <head></head>
 <body>
 <table border=1>
   <tr>
     <td rowspan=2>학 교</td>
     <td>한국중 </td>
     <td>조선중</td>
     <td>고려중</td>
   </tr>
   <tr>
     <td>신라중 </td>
     <td>백제중 </td>
     <td>고구려중 </td>
   </tr>
 </table>
 </body>
 </html>
```

· 결과화면

<table border="1">
<tr><td rowspan="2">학 교</td><td>한국중</td><td>조선중</td><td>고려중</td></tr>
<tr><td>신라중</td><td>백제중</td><td>고구려중</td></tr>
</table>

Tip. colspan(열 합병)

테이블에서 세로로 표시된 여러 개의 셀, 즉 열을 합병해주는 속성이다.

· 사용예

```
<html>
 <head></head>
 <body>
 <table border=1>
   <tr>
     <th colspan=4>학 교</th>
   </tr>
   <tr>
     <td>한국중 </td>
     <td>조선중 </td>
     <td>고려중 </td>
     <td>신라중 </td>
   </tr>
 </table>
 </body>
 </html>
```

· 결과화면

<table border="1">
<tr><th colspan="4">학 교</th></tr>
<tr><td>한국중</td><td>조선중</td><td>고려중</td><td>신라중</td></tr>
</table>

Tip. 열과 행 합병

열과 행을 동시에 합병해 준다.

· **사용예**

```
<html>
 <head></head>
 <body>
 <table border=1>
   <tr>
     <th colspan=4>학 교</th>
   </tr>
   <tr>
     <td rowspan=2>중학교</td>
     <td>한국중 </td>
     <td rowspan=2>고등학교</td>
     <td>고려고 </td>
   </tr>
   <tr>
     <td>신라중</td>
     <td>백제고</td>
 </tr>
 </table>
 </body>
 </html>
```

· **결과화면**

<table border="1">
<tr><th colspan="4">학 교</th></tr>
<tr><td rowspan="2">중학교</td><td>한국중</td><td rowspan="2">고등학교</td><td>고려고</td></tr>
<tr><td>신라중</td><td>백제고</td></tr>
</table>

Tip. 열과 행 합병

열과 행을 동시에 합병해 준다.

· **사용예**

```
<html>
 <head></head>
 <body>
 <table border=1>
   <tr>
     <th colspan=4>학 교</th>
   </tr>
   <tr>
     <td rowspan=2>중학교</td>
     <td>한국중 </td>
     <td rowspan=2>고등학교</td>
     <td>고려고 </td>
   </tr>
   <tr>
     <td>신라중</td>
     <td>백제고</td>
 </tr>
 </table>
 </body>
 </html>
```

· **결과화면**

<table border="1">
<tr><th colspan="4">학 교</th></tr>
<tr><td rowspan="2">중학교</td><td>한국중</td><td rowspan="2">고등학교</td><td>고려고</td></tr>
<tr><td>신라중</td><td>백제고</td></tr>
</table>

[step 5] 다음을 추가하여 홈페이지를 완성하도록 한다.

```
<tr>
<td >과테말라<br> (강한 바디감)</td>
</tr>

<tr>
<th rowspan="2">남미</th>
        <td width="200">브라질<br>(균형 잡힌 맛)</td>
        <td  rowspan="2"><li> 남미 품종은 아라비카, 로부스타<br>
         <li>바디감이 높고 향미와 신미는 떨어지지만 견과류의 향미가 난다.</td>
</tr>
<tr>
<td  width="200">브라질<br>균형 잡힌 맛</td>
</tr>
<tr>
<th rowspan="2">동아프리카</th>
        <td  width="200">케냐<br>(풍부한 신맛)</td>
        <td rowspan="2"> <li>향미와 신비가 높고, 바디감은 낮다.<br>
        <li>꽃과 과일향기가 나고 당도가 높다.</td>
</tr>
<tr>
<td width="200">에디오피아<br>(강한 신맛)</td>
</tr>

<tr>
<th >아시아</th>
        <td  width="200">인도네시아<br>(무거운 단맛)</td>
        <td><li> 바디와 당도가 높은편이다.
        <li>향미와 신미는 낮다.</td> </tr>
```

연습문제

다음과 같은 국립공원 홈페이지를 작성해 보자.

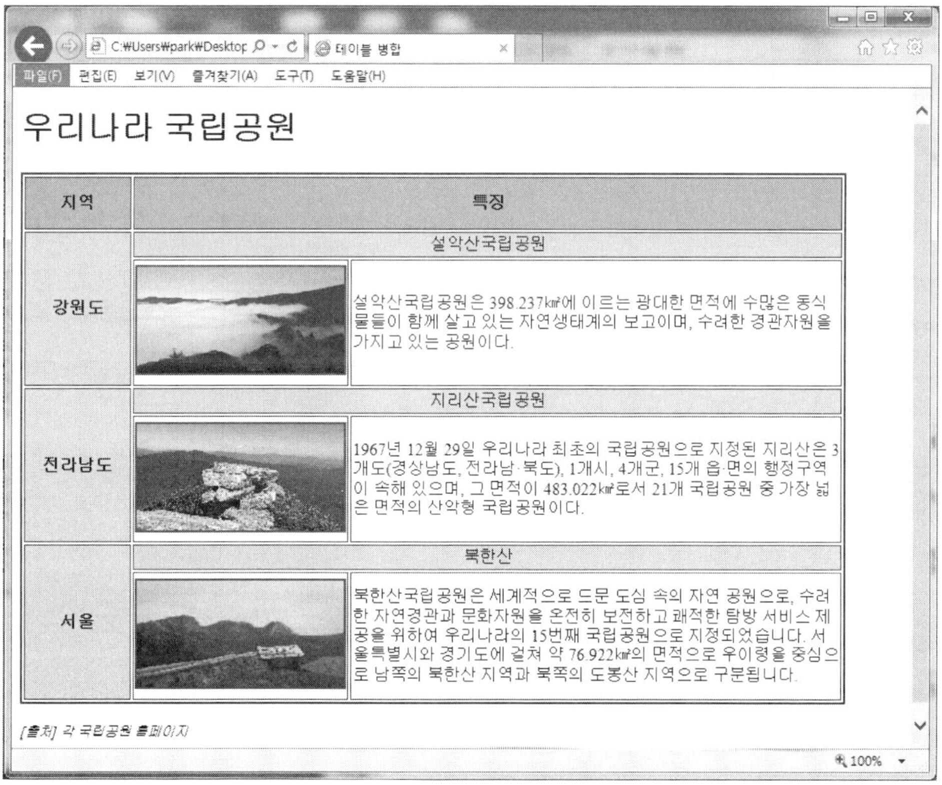

· 조 건

. 제목 크기는 H1로 지정
. 테이블 크기는 500*800로 지정
. 테이블 두께는 2로 지정
. 테이블 첫 행은 넓이를 80로 지정하고, 셀 색상은 ##99cc33로 지정
. 지역명칭 셀의 색상 "#ccccff"로 지정하고 병합
. 각 국립공원이름에 해당 하는 셀의 색상은 "#99ff66"로 지정하고 병합
. [출처]에 관란 글자크기는 작게 기울임으로 처리
. 사진에는 각 국립공원 홈페이지로 링크

제 4장
여행사 홈페이지 만들기

· 학습 목표

이 장에서는 웹페이지의 로그인 화면에서 사용자 이름과 비밀번호를 입력하거나, 블로그에 코멘트를 남기거나, 쇼핑 사이트에서 결제정보를 입력하는데 필요한 폼(form)을 만드는 방법을 비롯하여 폼 구성에 대한 전반적인 학습을 하도록 한다.

· 학습 내용

- <form>태그, <select>태그, <option>태그, <input>, <frame> 태그 학습

제 1 절 여행 신청 홈페이지 만들기

다음과 같은 여행 신청 홈페이지를 작성하기로 한다.

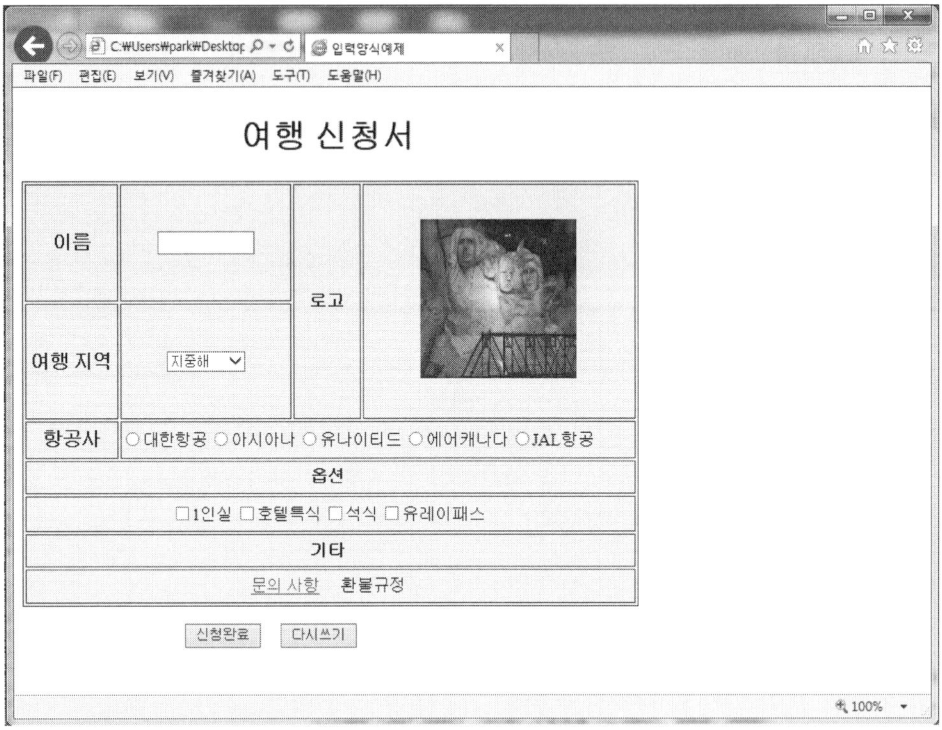

[step 1] 메모장을 열어서 HTML 문서의 기본 골격인 다음을 입력한다.

```
<!doctype html>
<html>
 <head>
  <meta charset="UTF-8">
   <title>입력양식예제</title>
 </head>
<body>
</body>
</html>
```

[step 2] <body> 태그 안에 테이블을 만들기 위하여 다음과 같이 입력하여 아래와 같이 표시될 수 있도록 한다.

```
<form method="post" action="comfirm.html">
<table height="400" width="600" border="1" bgcolor="#ccffff">
<caption> <h1> 여행 신청서 </h1></caption>
</table>
</form>
```

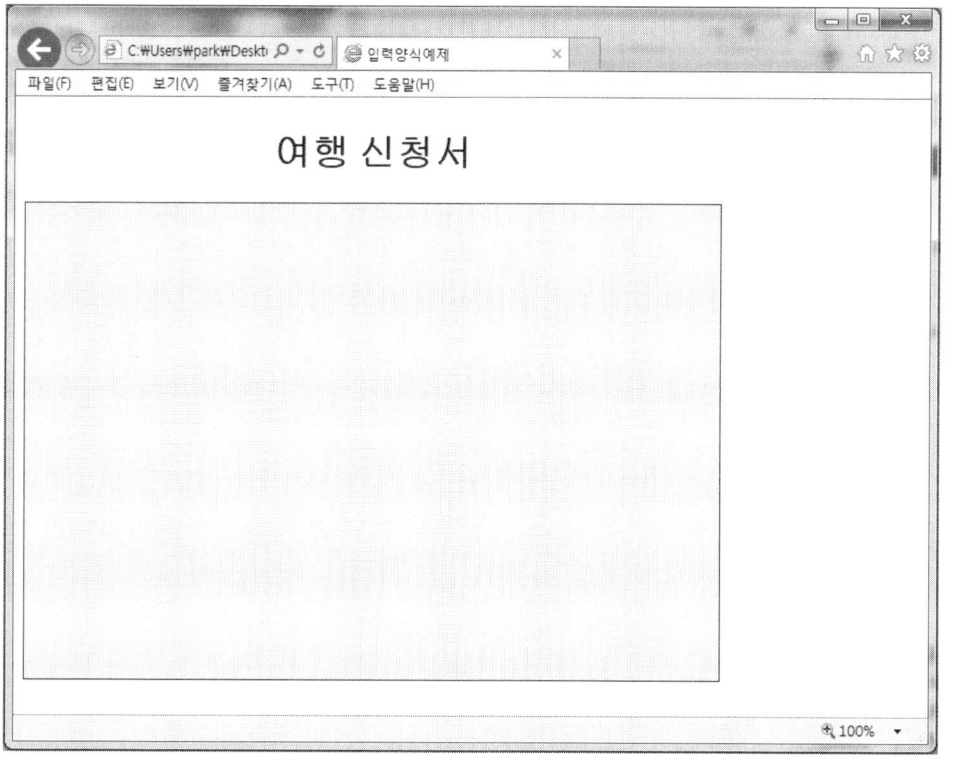

Tip. 〈form〉 태그

폼(form)이란 웹페이지의 로그인 화면에서 사용자 이름과 비밀번호를 입력받거나, 블로그에 코멘트를 남기거나, 쇼핑 사이트에서 결제정보를 입력받는데 필요한 것으로서, 혹은 입력된 데이터를 한번에 서버로 전송한다. 전송한 데이터는 웹서버가 처리하고, 결과에 따른 또 다른 웹페이지를 보여준다. <form> 태그 사이에 <input>태그와 <textarea>태그등을 삽입하여 사용하여야 하며, <form> 태그의 속성으로는 action, name, target, method 등이 있다.

- **action 속성**
  입력데이터를 어디로 전달할지를 지정
- **name 속성**
  입력양식 폼에 이름을 지정
- **target 속성**
  입력양식의 데이터를 서버에서 처리한 후, 결과물을 출력할 창을 지정
- **method 속성**
  속성값으로 GET과 POST가 있는데, GET 방식은 폼에 입력된 데이터를 URL 뒤에 붙여서 눈으로 알 수 있게 보내지만, POST 방식은 내부적으로 보이지 않게 전송한다.

[step 3] 아래 화면에서와 같이, 이름과 로고 그리고 여행지역을 나타내기 위해서는 다음과 같이 입력한다. 특히, 여행지역에는 지중해, 아메리카, 남태평양 그리고 유럽을 드롭다운될 수 있도록 한다.

```
<tr><th><font size="4">이름</font></th>
        <td  align="center"><input type="text" size="10" maxlength="10"></td>
        <th rowspan="2">로고</th>
        <td rowspan="2" align="center">
       <img src=" pic.jpg" width="150" height="150"></td></tr>
<tr><th><font size="4">여행 지역</font></th>
        <td align="center">
        <select>
```

```
<option value="지중해">지중해</option>
<option value="아메리카">아메리카</option>
<option value="남태평양">남태평양</option>
<option value="유럽">유럽</option>
<select></td>        </tr>
```

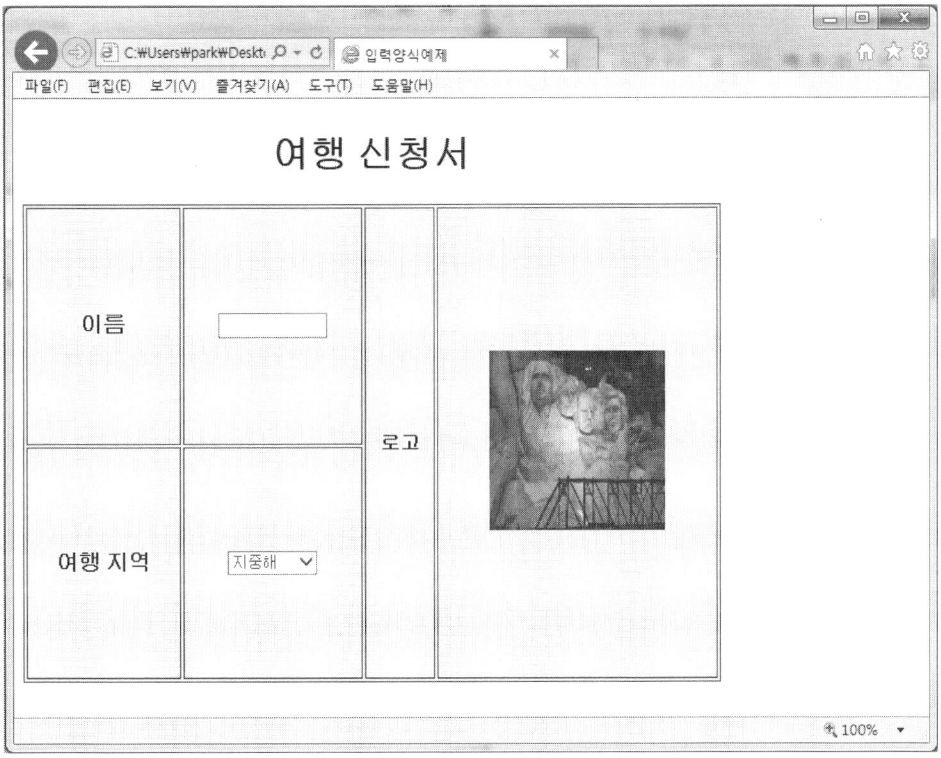

Tip. 〈select〉와 〈option〉 태그

<select>와 <option> 태그는 사용자가 다양하게 폼태그를 이용하여 입력할 수 있도록 한다. 속성으로는 type, readonly, maxlength 등이 있다.

- **size 속성**
  속성값에 주어진 숫자만큼의 메뉴 개수를 한 번에 보여주는 속성
- **multiple 속성**
  메뉴를 다중으로 선택할 수 있게 하는 속성

Tip. 〈img〉 태그

<img> 태그는 HTML문서에 이미지를 삽입하는데 이용된다. 속성으로는 src, width, height 등이 있다.

· **src 속성**
  가장 기본적인 속성으로서 삽입할 이미지의 경로를 지정
· **width 속성**
  이미지의 너비를 지정
· **height 속성**
  이미지의 높이를 지정

[step 4] 아래 화면에서와 같이, 이용자가 탑승할 항공사를 선택할 수 있도록 하기 위하여 다음과 같이 입력한다.

```
<tr><th><font size="4">항공사</font></th>
        <td colspan="3">
        <input type="radio" name="airline" value="대한항공">대한항공</input>
        <input type="radio" name="airline"  value="아시아나">아시아나</input>
        <input type="radio" name="airline" value="유나이티드">유나이티드</input>
        <input type="radio" name="airline" value="에어캐나다">에어캐나다</input>
        <input type="radio"  name="airline" value="JAL항공">JAL항공</input></td>
        </tr>
```

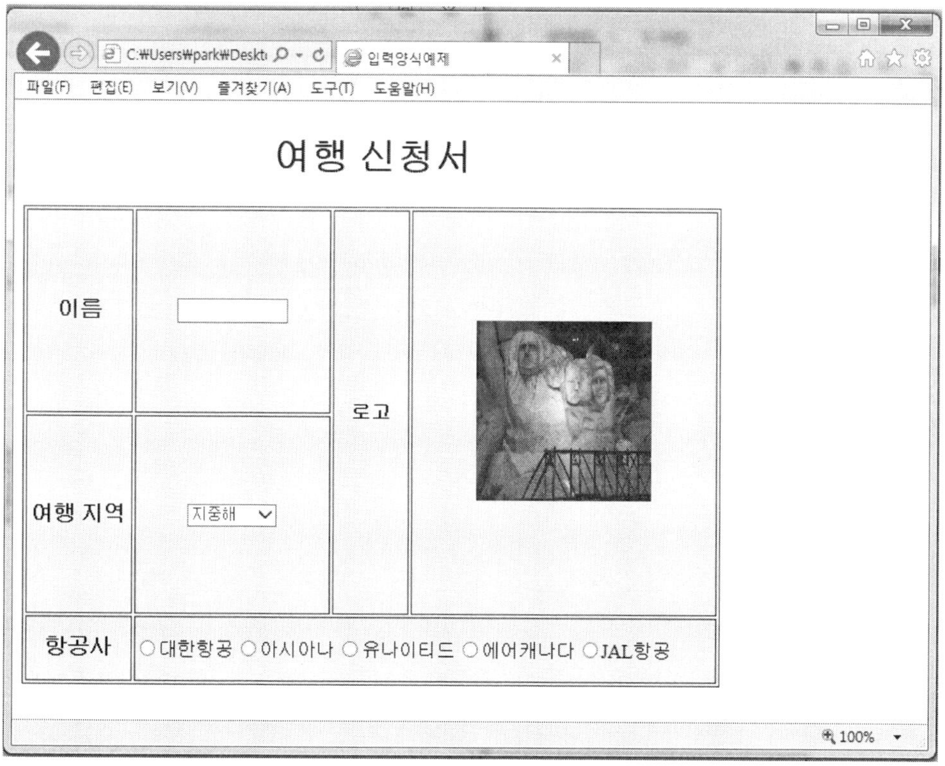

Tip. 〈input〉 태그

<input> 태그는 사용자가 다양하게 폼태그를 이용하여 입력할 수 있도록 한다. 속성으로는 type, readonly, maxlength 등이 있다.

- **type 속성**
  태그 모양을 다양하게 변경할 수 있는데, 속성값으로는 text(한줄 단위의 텍스트 입력란), radio, checkbox, password(입력한 값을 ***형태로 나타냄), button, hidden, fileupload, submit(입력한 데이터를 서버로 전송), reset(취소) 등을 지정
- **name속성**
  태그 이름을 지정
- **readonly 속성**
  태그를 읽기 전용으로 설정
- **maxlength 속성**
  해당 태그의 최대 글자수를 설정
- **required 속성**
  해당 태그가 필수 태그로 지정
- **autofocus 속성**
  웹페이지가 로딩되자마자 이 속성을 지정한 태그로 포커스 이동

[step 5] 아래 화면에서와 같이, 이용자가 호텔을 이용할 때 선택할 내용을 체크하도로 하기 위하여 다음과 같이 입력한다.

```
<tr><th colspan="4" >옵션</th>     </tr>
<tr><td colspan="4"  align="center">
        <input type="checkbox" value="1인실">1인실</input>
       <input type="checkbox" value="호텔특실">호텔특식</input>
       <input type="checkbox" value="석식">석식</input>
       <input type="checkbox" value="유레이패스">유레이패스 </input></td></tr>
```

[step 6] 아래 화면에서와 같이, 이용자가 여행신청서를 작성하고 나서, 신청서를 제출할 것인지 아니면 취소하고 다시 입력할 것인지를 선택할 수 있도록 하기 위하여 다음과 같이 입력한다.

```
                     
                 
<input type="submit" value="신청완료"></input>     
<input type="reset"value="다시쓰기"></input>
```

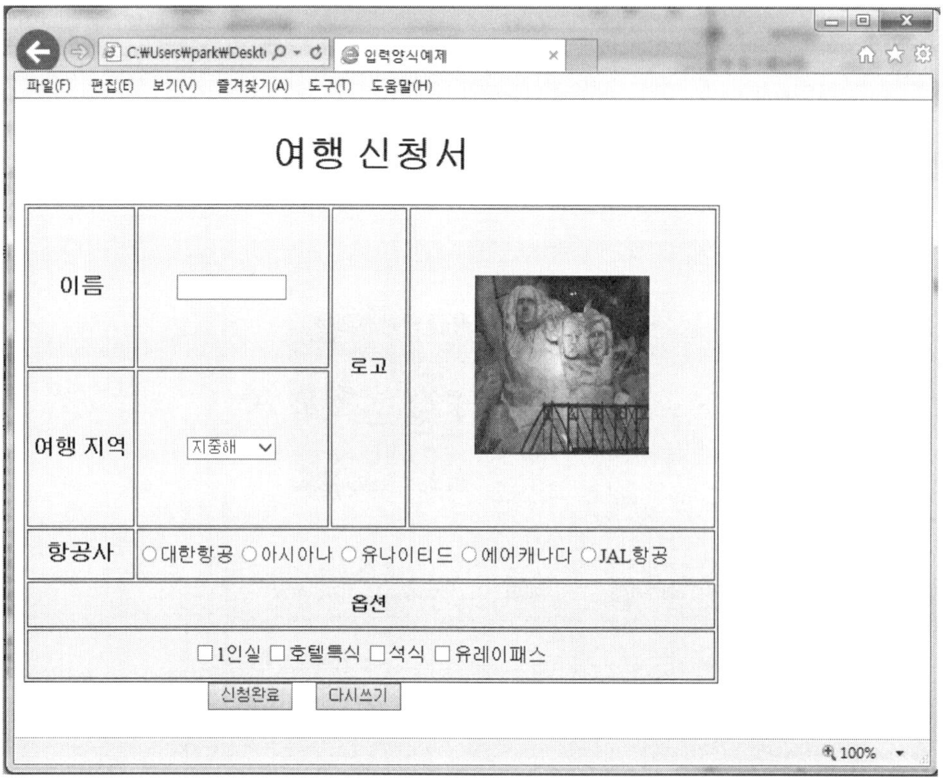

Tip.

일반문서를 작성할 때는 띄어쓰기를 하기 위해서 스페이스키를 눌러서 공백문자를 삽입하지만, HTML문서의 경우에는 스페이스키를 이용해서 공백문자를 아무리 많이 삽입하더라도 공백 1개로 간주한다. HTML문서에서 여러 개의 공백이 필요한 경우,

를 이용하면 된다. 즉, 공백이 필요한 개수만큼 를 삽입하면 된다.

- **사용예**

  대한민국   서울

  이라고 표시하고자 할 경우, 즉 대한민국과 서울사이에 4개의 공백이 있을 때,

  대한민국   서울

  과 같이, 과 진짜 공백을 번갈아 사용하는 것도 방법이다.

제 2 절 여행사 홈페이지 만들기

다음과 같이 위인 소개 홈페이지를 만들기로 한다. 즉, 세종대왕을 클릭하면, 세종대왕 홈페이지로 연결되고, 안익태를 클릭하면 안익태 홈페이지로 연결되도록 한다.

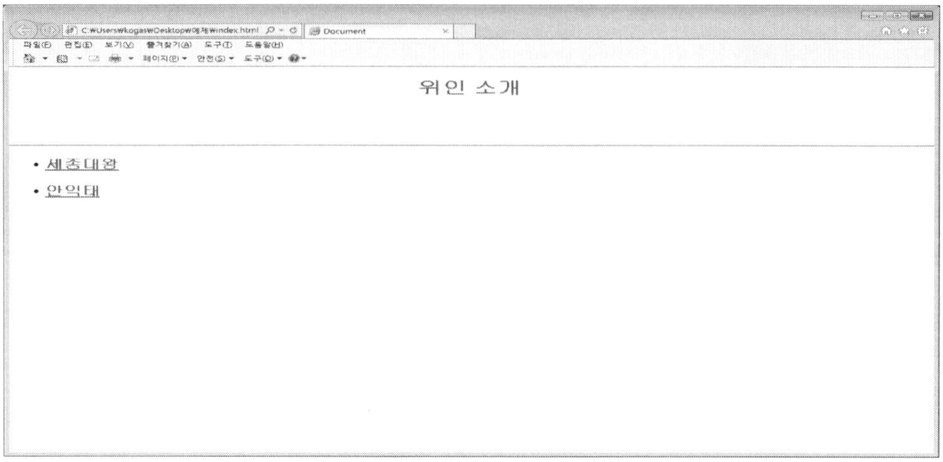

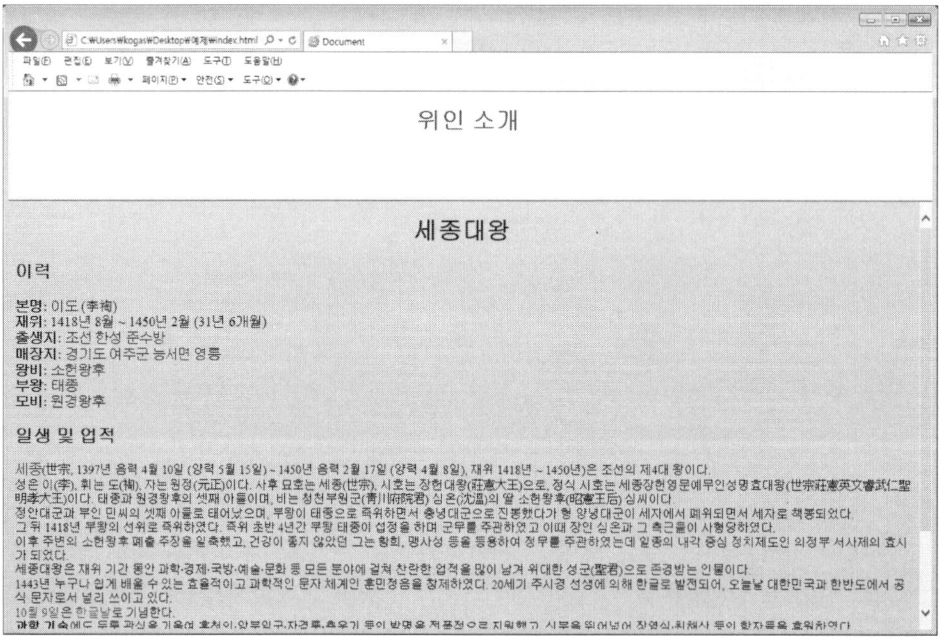

[step 1] 메모장을 열어서 HTML 문서의 기본 골격인 다음을 입력한다.

```
<!doctype html>
<html>
 <head>
  <meta charset="UTF-8">
   <title>Document</title>
 </head>
</html>
```

[step 2] 먼저, 다음과 같은 페이지를 만들도록 한다.

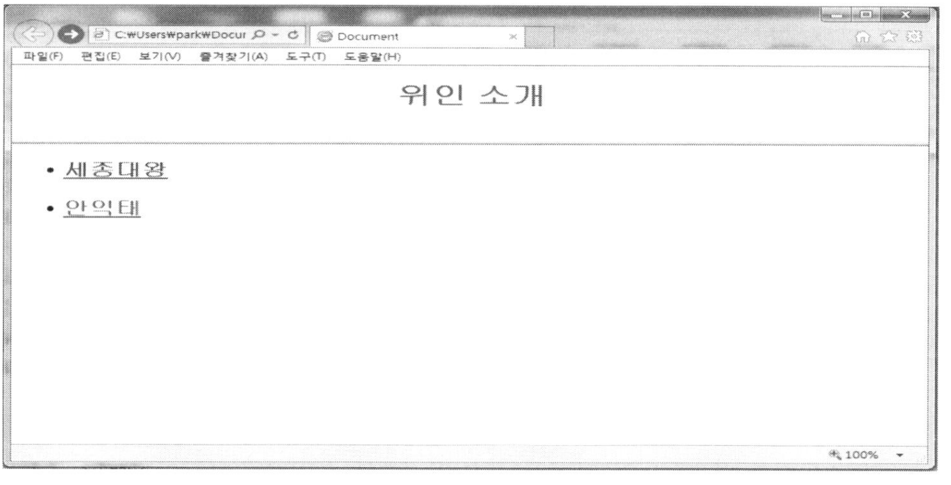

상기와 같이, 하나의 브라우저 창을 여러 영역으로 분할하여 여러 개의 HTML 문서를 표시할 수 있게 해 주는 기능을 프레임(frame)이라고 한다. 이러한 프레임의 가장 일반적인 용도는 한 프레임에는 내비게이션 컨트롤이 있는 문서를 표시하고, 다른 프레임에는 내용이 있는 문시를 표시하는 것이다.

브라우저 창을 두 개의 영역으로 분할하는 구조를 갖는 홈페이지를 만들기 위해서는 다음과 같이 입력하여 HTML문서를 완성하고, 이를 1-4-ex2.html이라는 파일명으로 저장하도록 한다.

```
<!doctype html>
<html lang="en">
<head>
<meta charset="UTF-8">
<title>Document</title>
</head>
<frameset rows="20%,*">
<frame src="top.html" name="top">
<frame src="menu.html" name="main">
</frameset>
</html>
```

Tip. 〈frameset〉 태그

프레임을 정의하기 위해서는 <frameset>태그와 <frame>태그가 필요한데, <frameset> 태그는 문서를 어떻게 나눌지를 지정한다. 속성으로는 cols와 rows가 있다.

- **cols 속성**
  문서를 수평으로 나눌 때의 크기 지정에 이용하는데, cols="25%,75%"라고 했을 때, 문서를 수평으로 2개의 프레임으로 나누고, 프레임의 너비 비율을 25%와 75%로 지정한다는 것을 의미한다. 프레임의 크기를 비율이 아닌, 픽셀값으로도 지정할 수 있는데, cols="200,*" 라고 했을 때, 왼쪽 프레임의 너비를 200픽셀로 지정하고, 오른쪽 프레임은 나머지 영역으로 지정하라는 의미이다.
- **rows 속성**
  문서를 수직을 나눌 때의 크기 지정에 이용한다.

Tip. 〈frame〉 태그

프레임안에 들어가는 문서의 속성을 지정하는 태그로서, 속성으로는 src, frameborder, scrolling 등이 있다.

- **src 속성**

  <frame>태그는 기본적으로 src 속성을 갖는데, src 속성은 어떤 문서를 프레임 안으로 불러올 것인지를 지정

- **frameborder 속성**

  프레임의 경계선을 표시할지를 지정하는데, 0으로 설정하면 경계선이 나타나지 않고, 1로 지정하면 경계선이 표시된다.

- **marginheight와 marginwidth 속성**

  프레임의 여백을 지정

- **name 속성**

  프레임명을 지정

- **scrolling 속성**

  프레임내에 스크롤바를 생성할 것인지 여부를 지정하는데, yes로 지정하면 스크롤바가 생기고, no로 지정하면 생기지 않으며, auto로 지정하면 문서의 내용이 프레임의 크기보다 큰 경우 스크롤바가 자동으로 생성된다.

[step 3] 다음은 top.html파일을 만들도록 한다. 이 HTML문서는 상기 페이지의 상단에 있는 프레임을 표시하기 위한 HTML문서로서, 아래와 같이 표시하는 기능을 한다.

위인 소개

이를 위해서는 다음의 HTML문서를 만들고, 파일명을 top.html이라고 저장하도록 한다.

```
<!doctype html>
<html lang="en">
 <head>
  <meta charset="UTF-8">
  <title>베너 타이틀</title>
 </head>
 <body>
 <center> <font color="GREEN"><h1> 위인 소개 </h1></font></center>
 </body>
</html>
```

[step 4] 다음은 menu.html파일을 만들도록 한다. 이 HTML문서는 상기 페이지의 하단에 있는 프레임을 표시하기 위한 HTML문서로서, 아래와 같이 표시하는 기능을 한다.

이를 위해서는 다음과 같은 HTML문서를 만들고, 파일명을 menu.html이라고 저장하도록 한다.

```
<!doctype html>
<html lang="en">
<head>
<meta charset="UTF-8">
<title>프레임예제</title>
</head>
<body>
<UL>
<h2><li><a href="1-1-ex1.html" target="main">세종대왕</a></h2>
<h2> <a href="1-1-ex3.html" target="main"><li> 안익태</a></h2>
</UL>
</body>
</html>
```

세종대왕과 안익태를 순서없는 리스트로 표현하기 위해서, <UL>태그를 이용하여 리스트 처리한다.

그리고, 세종대왕을 클릭했을 때, 세종대왕 홈페이지로 연결하기 위해서, 1-1-ex1.html파일로 링크를 걸고, 안익태를 클릭했을 때, 관련 홈페이지로 연결하기 위해서, 1-1-ex3.html파일로 링크를 건다.

Tip. 〈a〉 태그

인터넷을 사용할 때 가장 많이 볼 수 있는 것 중의 하나가 링크인데, 링크를 통해 다른 웹페이지로 이동하거나 문서 내에서의 이동을 할 수가 있다.
<a> 태그는 Anchor의 약자로서, 문서를 링크하는데 이용하는 태그이다. 속성으로는 ref, title, target 등이 있다.

- **ref, 속성**
  hypertext reference 약자로서, 연결할 주소를 지정하는 속성
- **title 속성**
  해당 링크로 마우스를 이동하면 링크에 대한 설명이 나타난다.
- **target 속성**
  링크를 클릭할 때 창을 어떻게 열지를 설정하는 속성으로, 속성 값으로는 연결문서를 클릭한 창에서 여는데 이용하는 _selt, 연결문서를 새 창에서 여는데 이용하는 _blank 등이 있다.

연습문제

다음과 같은 국립공원 홈페이지를 작성해 보자.

· 조 건

. 프레임은 상하 2:8 , 좌우 2:8로 지정
. 왼쪽 메뉴는 목록태그를 사용하여 지정
. 오른쪽 사진은 적당한 사진을 지정
. 국내 국립공원은 각 국립공원 사이트로 연결을 하여 오른쪽에 출력되도록 지정
. 미국 3대 캐년는 간단하게 문서를 작성하여 오른쪽에 출력되도록 지정

제 2 부 CSS

제 5장
문학 홈페이지 만들기

· 학습 목표

이 장에서는 CSS문서의 기본 구조를 이해하고, CSS문서를 만드는 방법 및 CSS문서를 활용한 HTML문서 작성방법 등에 대한 학습을 하도록 한다.

· 학습 내용

- ID와 CLASS, text-decoration속성, color속성, text-shadow속성, 문자선택자, 반응문자선택자 학습

제 1 절 간단한 CSS 활용 예제

CSS를 활용한 다음과 같은 간단한 예제를 만들어 보기로 한다.

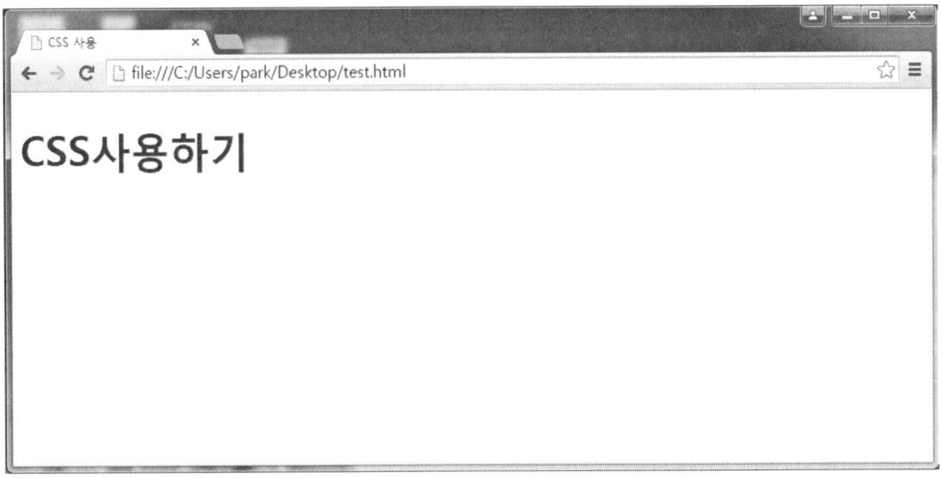

[step 1] Windows의 [시작]버튼을 선택하여 '메모장'을 연다. 그리고, 메모장에서 다음과 같이 입력한다.

```
<!doctype html>
<html>
 <head>
  <meta charset="UTF-8">
   <title>CSS사용</title>
 </head>
<body>
</body>
</html>
```

[step 2] 웹문서에 나타낼 다음의 문자를 <body>태그사이에 삽입하면, 아래 화면과 같이 나타나는 것을 알 수 있다.

```
<h1> CSS사용하기</h1>
```

[step 3] 웹페이지의 h1 요소에 대해 스타일을 지정하기 위하여, <title>태그 아래에 다음을 삽입하여 문서 작성을 완료하면 된다. 다음 코드는 h1 요소에 대해 폰트 크기를 30포인트, 색깔은 파랑색으로 스타일을 지정한다는 것을 의미한다.

```
<style type="text/css">
  h1 {font-size : 30pt; color : blue}
</style>
```

Tip. CSS(Cascading Style Sheets)

CSS란 HTML의 단점을 보완하기 위해 사용되는 것으로서, CSS의 활용으로 문서의 내용과 표현을 분리할 수 있고, CSS문서의 수정으로 HTML문서를 한번에 수정할 수 있다는 장점이 있다.

· **CSS정의의 기본 형식**

기본 형식은 다음과 같으며, 값에 “”또는 ‘’를 붙이지 않는다. 또한, HTML에서는 단일 속성값을 지정할 때, =를 사용하는데 비해, CSS에서는 콜론(:)을 사용하고, 여러 속성을 이용할 때, HTML에서는 띄워 쓰기로 구분하는데 비해, CSS에서는는 세미콜론(;)을 사용하여 구분한다.

{속성: 값 속성: 값 속성: 값 }

Tip. CSS문서 작성방법

CSS문서 작성방법으로는 임베디드 방식, 링크방식, 인라인방식이 있으며, 한 페이지에 여러 가지 방식이 제공될 경우 적용순서는 인라인, 임베디드, 링크방식의 순으로 적용된다.

여기서는 임베디드방식에 대해 설명하기로 한다. 임베디드방식이란 HTML문서에 CSS를 삽입하는 방식으로, <HEAD> 태그 안에 <STYLE> 태그를 사용하여 스타일을 정의한다.

· **사용예**

```
<!DOCTYPE html>
<html><head>
 <title>CSS 사용</title>

 <style type="text/css">
   h1 {font-size : 30pt; color : blue }
 </style>

</head>
<body>
  <h1> CSS사용하기</h1>
</body></html>
```

Tip. 링크방식(CSS문서 작성)

HTML 문서와는 별도로 스타일만을 설정한 CSS 파일을 만들어 사용하는 방법으로서, CSS 만을 작성한 확장자 *.css를 따로 만들고, <HEAD> 태그 내에 해당 CSS 파일을 링크시키면 된다. 링크 방식을 사용하면 하나의 CSS 파일로 여러 HTML 문서들이 공유하게 되며 HTML 문서의 수정 없이 하나의 CSS 문서 수정으로 스타일 변경이 가능하다.

· **사용예**

- HTML파일

```
<!DOCTYPE html>
<html><head>
 <title>CSS 사용</title>
 <LINK rel="stylesheet" href="csstest.css" type="text/css">
</head>
<body>
  <h1> CSS사용하기</h1>
</body></html>
```

- CSS파일(파일명 : csstest.css)

```
h1 {font-size :50pt; color : red }
```

Tip. 인라인방식(CSS문서 작성)

인라인방식이란 각 태그에 직접 스타일을 적용하는 방법으로서, 하나의 태그 안에서만 적용한다.

· **사용예**

```
<!DOCTYPE html>
<html><head>
 <title>CSS 사용</title>
</head>
<body>
  <h1 style="font-size: 50pt; color : green">CSS사용하기</h1>
</body>
</html>
```

제 2 절 서시 소개 홈페이지 작성하기

서시를 소개하는 다음과 같은 홈페이지를 작성하기로 한다.

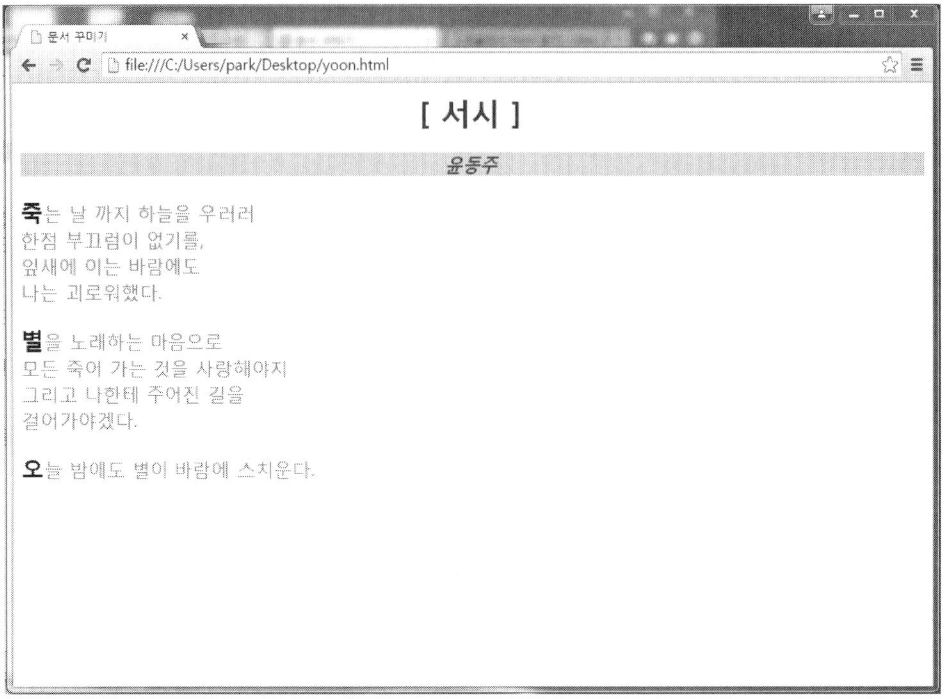

[step 1] Windows의 [시작]버튼을 선택하여 '메모장'을 연다. 그리고, 메모장에서 다음과 같이 입력한다.

```
<!doctype html>
<html>
 <head>
  <meta charset="UTF-8">
   <title>서시소개 홈페이지</title>
 </head>
<body>
</body>
</html>
```

[step 2] 다음은 서시 소개 홈페이지에 윤동주의 서시를 표현하기 위하여 다음과 같이 입력하면 아래와 같이 문서가 나타나는 것을 확인할 수 있다.

```
<h1 class="title"> [ 서시 ] </h1>
<h3>윤동주</h3>
<font>
<font id="poem"> 죽</font>는 날 까지 하늘을 우러러 <br>
한점 부끄럼이 없기를,<br>
잎새에 이는 바람에도<br>
나는 괴로워했다.<br>
<p>

<font id="poem">별</font>을 노래하는 마음으로<br>
모든 죽어 가는 것을 사랑해야지<br>
그리고 나한테 주어진 길을<br>
걸어가야겠다.<br><p>

<font id="poem">오</font>늘 밤에도 별이 바람에 스치운다.<br>
</font>
```

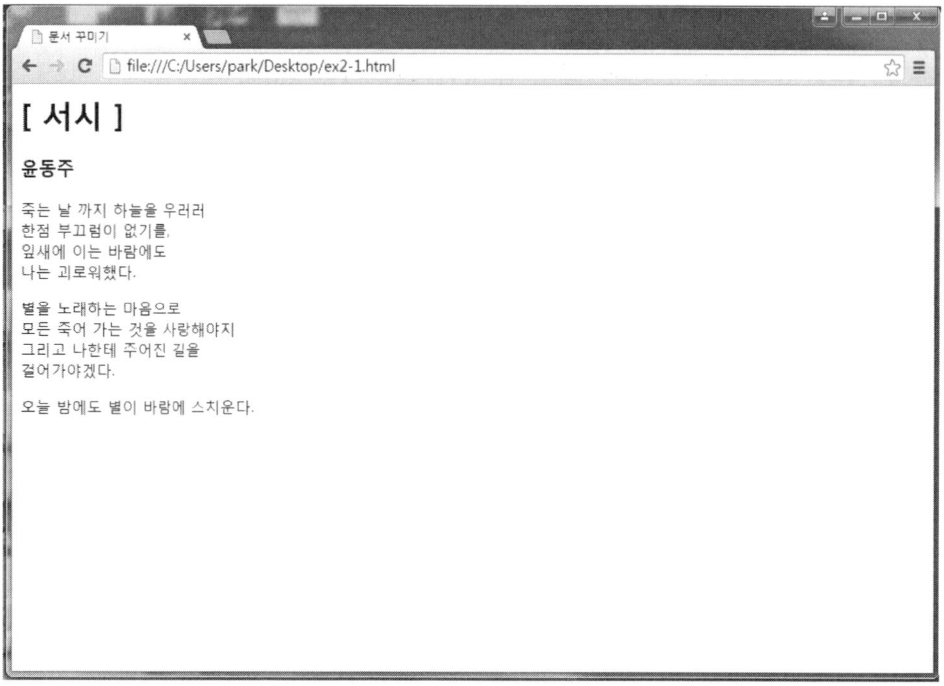

Tip. ID와 CLASS 개요

CSS에서는 HTML요소에 스타일을 지정할 수도 있는데, ID와 CLASS를 이용하여 사용자가 직접 스타일을 지정할 수 있다.
ID는 홈페이지에서 메뉴바라든가 copyright와 같이 주로 한 페이지에 한번만 나오는 내용에 대해 스타일을 설정할 때 사용하고, CLASS는 여러 요소들에 대해 스타일을 지정할 때 주로 사용한다. 즉, 2개 이상의 요소에 같은 ID를 지정할 수 없는데 비해, CLASS는 여러 곳에 중복해서 지정할 수 있다.
또한, ID는 주로 레이아웃을 작성할 때 이용하고 CLASS는 컨텐츠를 다룰때 사용하기도 한다.

Tip. ID와 CLASS 사용법

여러 개의 요소에 스타일을 지정할 때는 .을 이용하여 클래스를 정의해서 사용하고, 하나의 요소에 스타일을 지정할 때는 #을 이용하여 아이디를 정의해서 사용한다.

```
<html>
<head>
<meta charset="utf-8">
<title> 테스트 </title>

<style type="text/css">
  .red {color:red}
</style>

</head>
<body>
  <h3 class="red">소제목에도 red 클래스를 지정합니다.</h3>
  <p class="red">red라는 이름의 클래스가 지정된 문단입니다.</p>
</body>
</html>
```

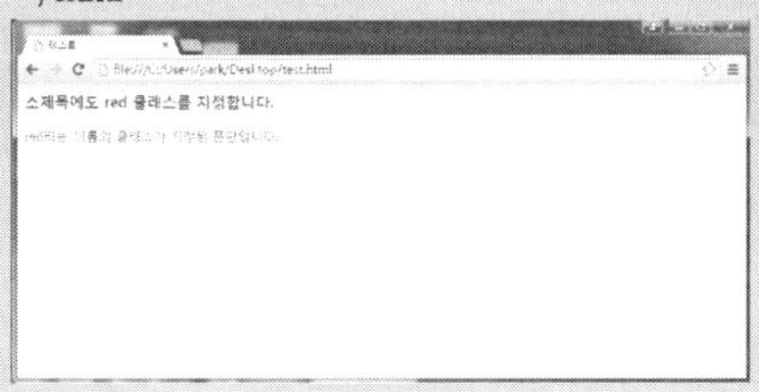

<결과화면>

```
<html>
<head>
<meta charset="utf-8">
<title> 테스트 </title>

<style type="text/css">
  #red {color:red}
</style>

</head>
<body>
  <p id="red">red라는 이름의 클래스가 지정된 문단입니다.</p>
</body>
</html>
```

<결과화면>

[step 3] 제목에 대해 스타일을 지정하여 아래 화면에서와 같이 표시하기 위하여 다음과 같이 입력하도록 한다.

```
<style type="text/css">
  h1{text-align:center;  color:blue;  font-weight: bolder}
</style>
```

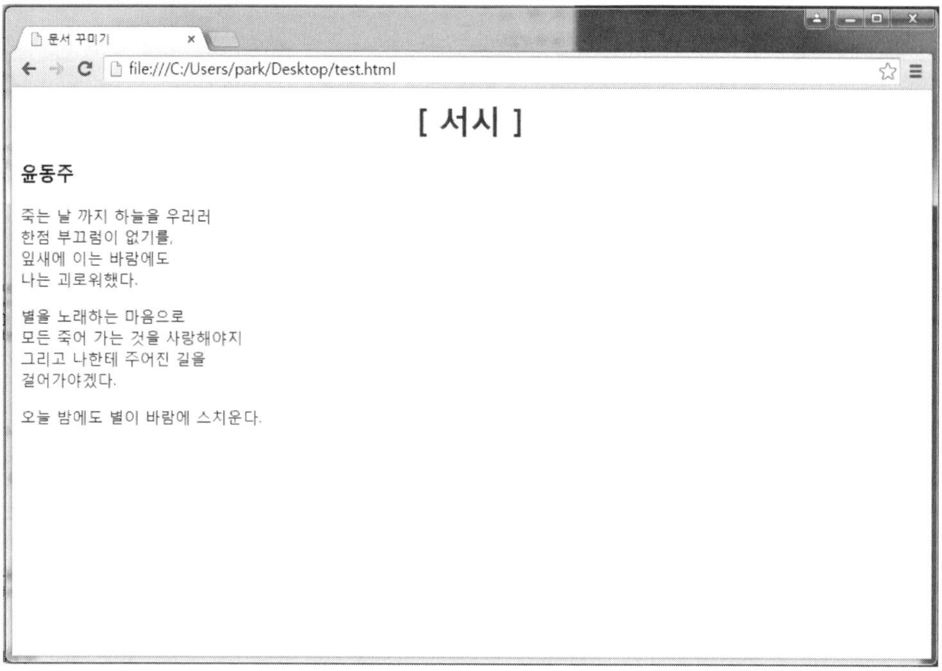

Tip. text-align 속성

CSS에서는 텍스트를 수평으로 정렬할 때, text-align 속성을 사용한다.

- **속성값 text-align:left**
  텍스트를 왼쪽 정렬한다.
- **속성값 text-align:right**
  텍스트를 오른쪽 정렬한다.
- **속성값 text-align:center**
  텍스트를 중앙 정렬한다.
- **속성값 text-align:justify**
  텍스트를 왼쪽과 오른쪽 끝에 맞춰서 정렬한다.

Tip. color 속성

CSS에서 글자색을 지정하는데 color속성을 사용한다. 속성값으로는 "red", "blue"과 같이 색상명, "#FFFFFF"등과 같은 16진수 색상코드, rgb(255, 255, 255)등의 rgb색상, rgba(200, 100, 150, 0.5)등의 알파가 적용된 rgb색상(rgba)등을 사용할 수 있다.

Tip. font-weight 속성

CSS에서 글자 굵기를 지정할 때, font-weight 속성을 사용한다.

- **속성값 font-weight:normal**
  기본값으로 표시한다.
- **속성값 font-weight:bold**
  진하게 표시한다.
- **속성값 font-weight:100~900**
  숫자별로 글자굵기를 지정하여 표시한다.
- **속성값 font-weight:bolder**
  상위 요소에서 상속된 굵기보다 더 진하게 표시한다.
- **속성값 font-weight:lighter**
  상위 요소에서 상속된 굵기보다 더 연하게 표시한다.

[step 4] 이름에 대해 스타일을 지정하여 아래 화면에서와 같이 표시하기 위하여 다음과 같이 입력하도록 한다.

```
<style type="text/css">
  h1{text-align:center;  color:blue;  font-weight: bolder}
  h3{text-align:center; font-style:italic; color:purple; background-color: pink}
</style>
```

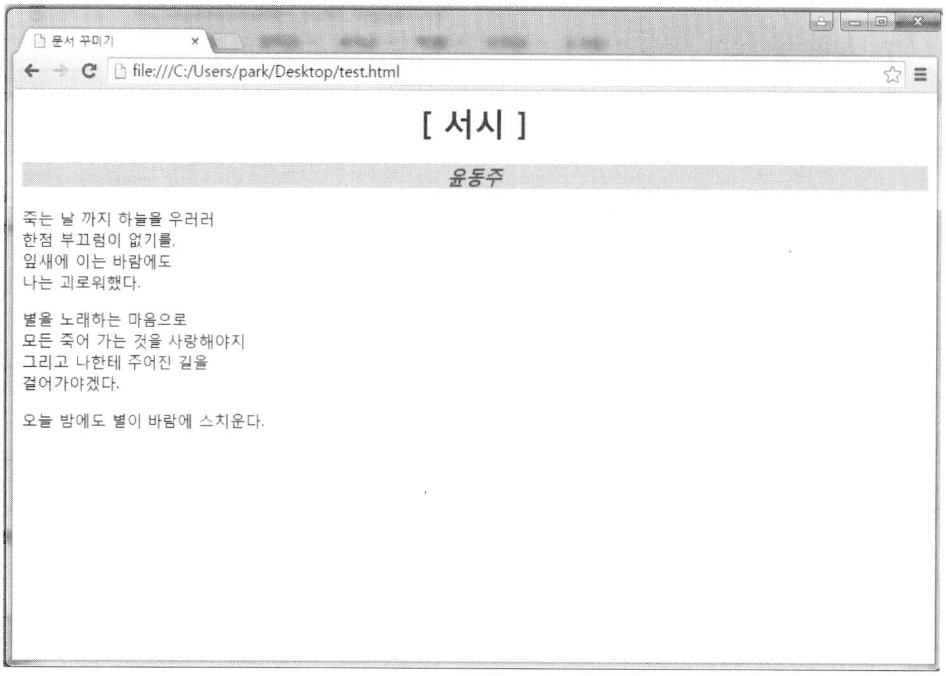

Tip. font-style 속성

글자의 스타일을 지정하는데 이용하는 속성이다.

- **속성값 font-style:normal**
  기본형태로 표시한다.
- **속성값 font-style:italic**
  이탤릭체로 표시한다.
- **속성값 font-style:oblique**
  기울임꼴로 표시한다.
- **속성값 font-style:inherit**
  상위 요소의 폰트 스타일을 물려받아 표시한다.

Tip. background-color 속성

CSS에서 글자 굵기를 지정할 때, font-weight 속성을 사용한다.

배경색을 지정하는데, background-color 속성을 사용한다. 속성값으로 색상명이나 16진수 코드를 이용한다.

[step 5] 폰트 크기와 색상등의 스타일을 지정하여 아래 화면에서와 같이 표시하기 위하여 다음과 같이 입력하도록 한다.

```
<style type="text/css">
  h1{text-align:center;  color:blue;  font-weight: bolder}
  h3{text-align:center; font-style:italic; color:purple; background-color: pink}
  font{font-size:20px; color:gray}
</style>
```

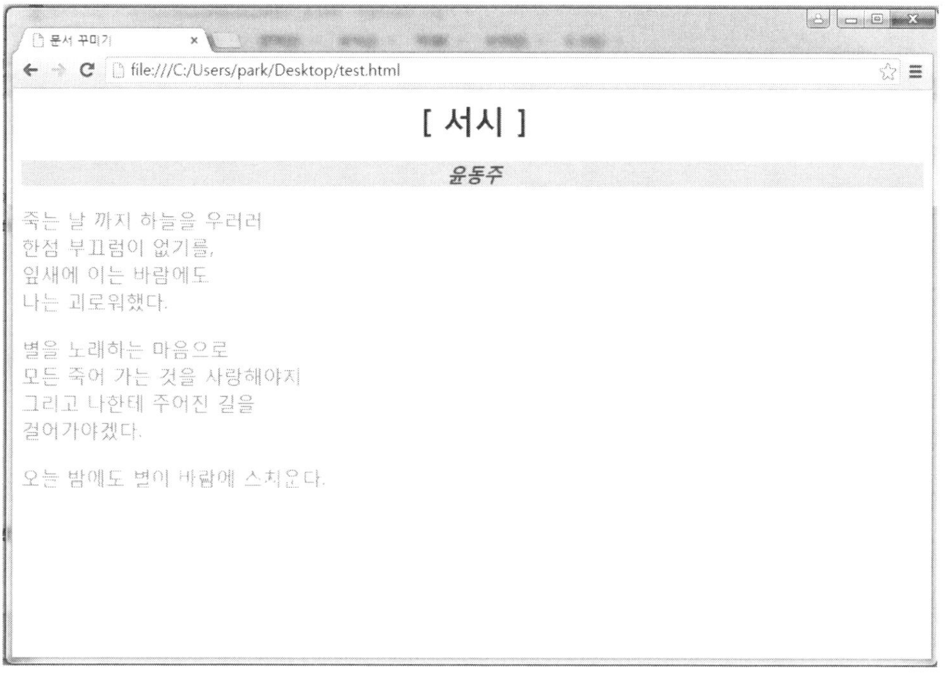

Tip. font-size 속성

글자 크기를 지정할 때, font-size 속성을 사용한다. 사용하는 단위로는, pt(포인트), px(픽셀), em, ex, %를 사용하는데, 대부분의 브라우저에서는 단위를 사용하지 않으면 자동으로 px(픽셀)단위로 인식하여 표시한다. pt와 px가 절대적인 크기를 나타내는데 비해, em, ex, %는 상위 요소에 대한 상대적인 크기를 나타낸다. IE에서 글꼴 크기를 "보통"(웹브라우저 디폴트)으로 지정했을 경우, 최상엘리멘트 1em은 12pt, 16px와 같다.

[step 6] 문단의 첫글자에 대해 스타일을 지정하여 아래 화면에서와 같이 표시하기 위하여 다음과 같이 입력하도록 한다.

```
<style type="text/css">
  h1{text-align:center  color:blue  font-weight: bolder}
  h3{text-align:center font-style:italiccolor:purple background-color: pink}
  font{font-size:20px color:gray}
  font#poem{font-size:24px; color:black; font-weight:600}
</style>
```

제 3 절 진달래꽃 소개 홈페이지 작성

다음과 같은 진달래꽃 소개 홈페이지를 작성하도록 하다.

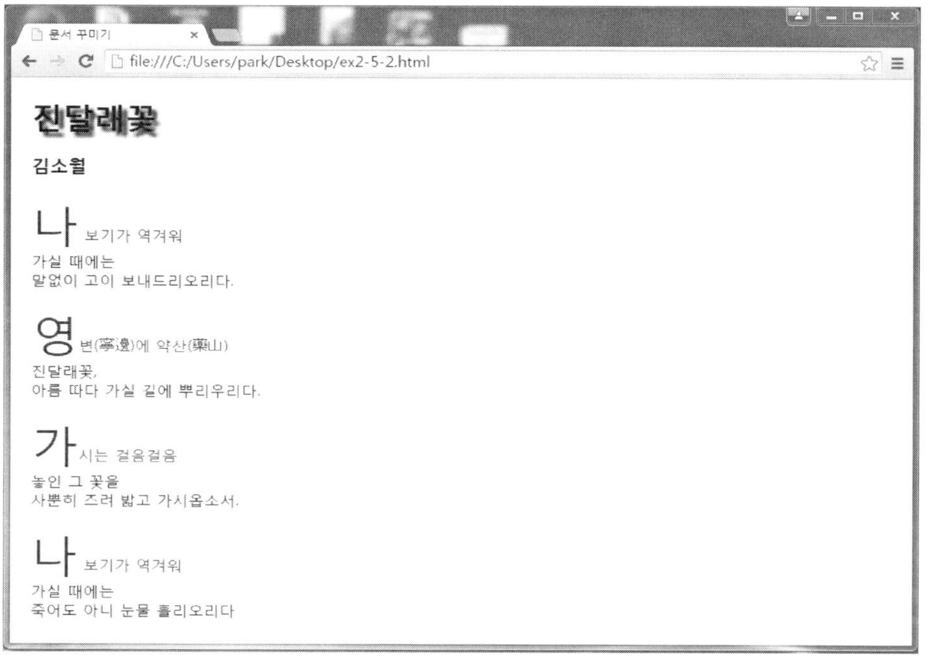

[step 1] Windows의 [시작]버튼을 선택하여 '메모장'을 연다. 그리고, 메모장에서 다음과 같이 입력한다.

```
<!doctype html>
<html>
 <head>
  <meta charset="UTF-8">
   <title>문서꾸미기</title>
 </head>
<body>
</body>
</html>
```

[step 2] 김소월의 진달래꽃을 <body>태그사이에 입력하면 아래와 같은 결과화면으로 나타난다는 것을 알 수 있다.

```
<h1> 진달래꽃 </h1>
<h3>김소월 </h3>
<p>
나 보기가 역겨워<br>
가실 때에는<br>
말없이 고이 보내드리오리다.  <br>
</p>
<p>
영변(寧邊)에 약산(藥山)<br>
진달래꽃,<br>
아름 따다 가실 길에 뿌리우리다.  <br>
</p>
<p>
가시는 걸음걸음<br>
놓인 그 꽃을<br>
사뿐히 즈려 밟고 가시옵소서. <br>
</p>
<p>
나 보기가 역겨워<br>
가실 때에는<br>
죽어도 아니 눈물 흘리오리다<br>
</p>
```

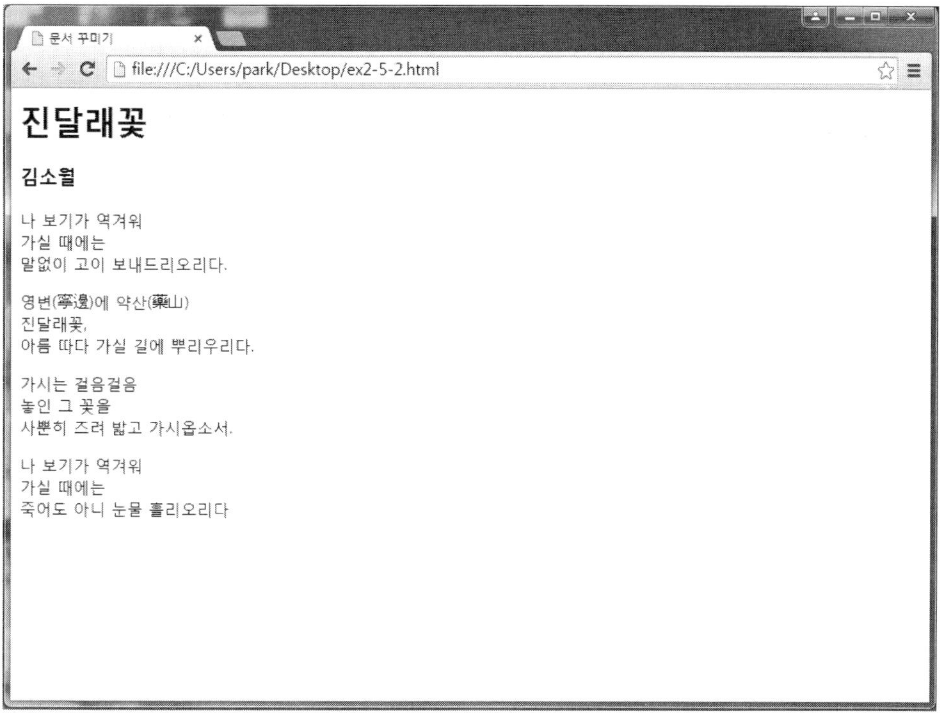

[step 3] 본문에 대해 아래 화면에서와 같이 나타날 수 있도록 스타일을 적용하도록 하자. 스타일을 적용하기 위하여 다음과 같이 입력하도록 한다.

```
<style type="text/css">
  body {margin:10px; padding: 10px}
</style>
```

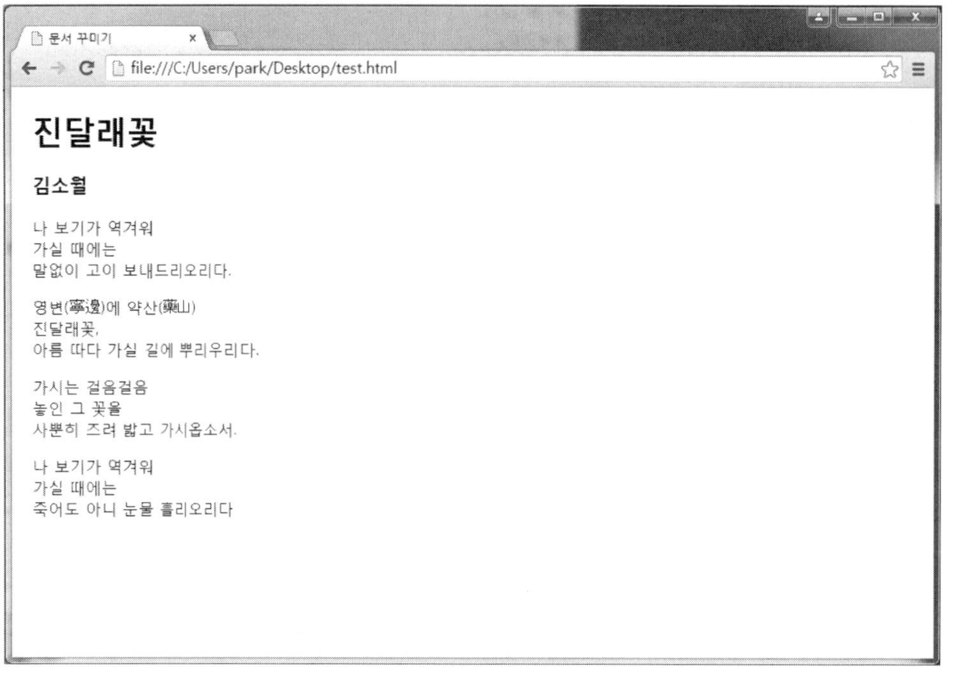

Tip. margin과 padding 속성

border는 테두리선을 가리키고, margin은 border(테두리선) 밖의 여백, padding은 border(테두리선)과 박스안의 내용 사이의 여백을 가리킨다.

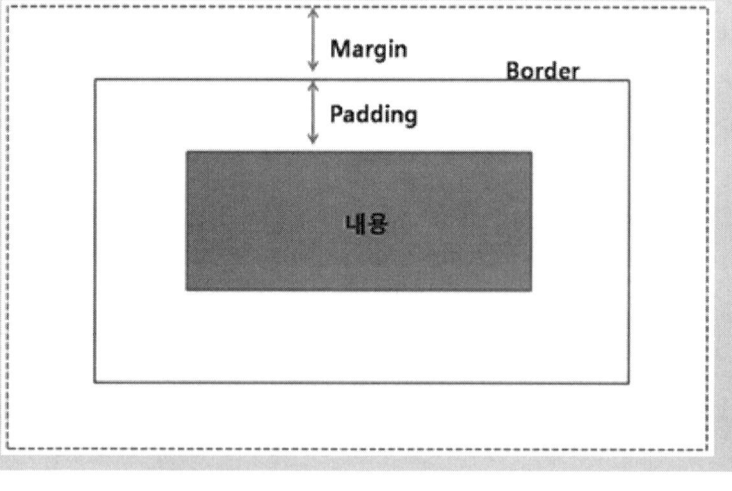

[step 4] 각 문단의 첫글자에 대해 아래 화면에서와 같이 출력되도록 스타일을 적용하도록 하자. 스타일을 적용하기 위하여 다음과 같이 입력하도록 한다.

```
<style type="text/css">
  body {margin:10px; padding: 10px}
  p::first-letter {font-size:3em}
</style>
```

Tip. 문자선택자

문자선택자는 태그내의 특정 조건을 만족하는 문자를 선택하는데 이용하는 선택자로서, 일반적으로 문자선택자는 가상요소(Pseudo-elements)선택자 ::를 사용하지만, :만 사용하더라도 무방하다. 문자선택자에는 시작문자 선택자(::first-line, ::first-letter), 전후문자 선택자(::before, ::after), 반응문자 선택자(::selection)가 있다.

- **::first-line**

  ::first-line으로 선택한 요소의 첫 번째 줄에 대해 스타일을 지정할 수 있으며, 가령 p요소의 첫 번째 줄의 글자색을 파랑색으로 지정하기 위해서는 다음과 같이 한다.

```
p::first-line {
  color : blue;
}
```

- **::first-letter**

  ::first-letter로 선택한 요소의 첫 번째 문자에 대해 스타일을 지정할 수 있으며, 가령 p요소의 첫 번째 문자의 글자색을 파랑색으로 지정하기 위해서는 다음과 같이 한다.

```
p::first-letter {
  color : blue;
}
```

Tip. 전후문자선택자

- **::before**

  ::before로 선택한 요소 앞에 문자등을 삽입하고, 스타일을 지정할 수 있으며, 가령 p요소 앞에 "seoul"이라는 문자를 삽입하고, 파랑색으로 지정하려면 다음과 같이 한다.

```
p::before {
  content : "seoul";
  color : blue;
}
```

- **::after**

  ::after로 선택한 요소 뒤에 문자등을 삽입하고, 스타일을 지정할 수 있으며, 가령 p요소 뒤에 "seoul"이라는 문자를 삽입하고, 파랑색으로 지정하려면 다음과 같이 한다.

```
p::after {
  content : "seoul";
  color : blue;
}
```

[step 5] 각 문단의 첫 번째 라인에 대해 아래 화면에서와 같이 출력되도록 스타일을 적용하도록 하자. 스타일을 적용하기 위하여 다음과 같이 입력하도록 한다.

```
<style type="text/css">
  body {margin:10px; padding: 10px}
  p::first-letter {font-size:3em}
  p::first-line {color: blue}
</style>
```

[step 6] 마우스를 이용하여 문자를 선택하면 아래 화면에서와 같이 출력되도록 스타일을 적용하도록 하자. 스타일을 적용하기 위하여 다음과 같이 입력하도록 한다.

```
<style type="text/css">
  body {margin:10px; padding: 10px}
  p::first-letter {font-size:3em}
  p::first-line {color: blue}
  p::selection {background:yellow; color:red}
</style>
```

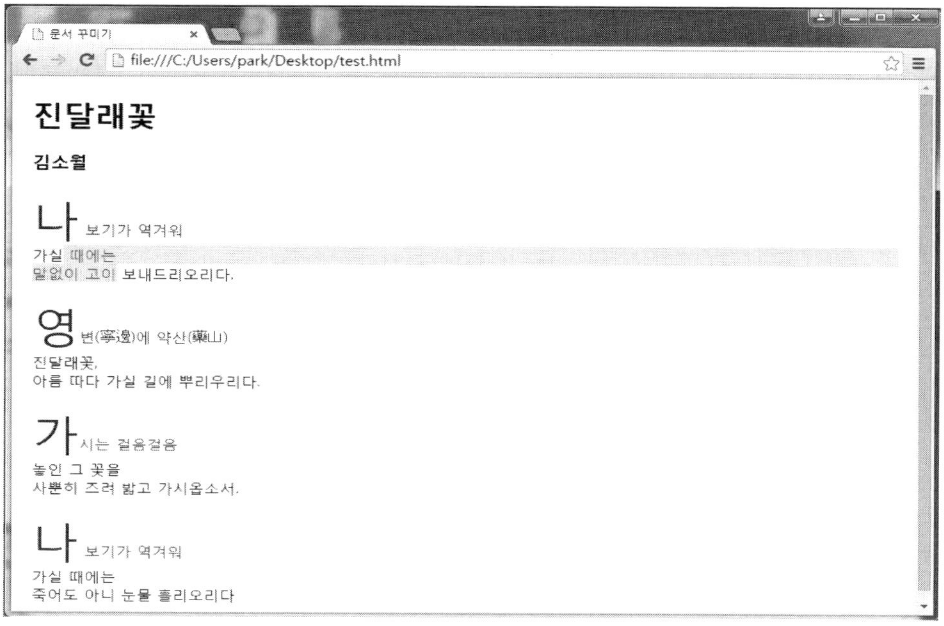

Tip. 반응문자 선택자

문자를 드래그할 때의 변화를 지정하기 위해 사용하는 선택자

· **사용예**

```
<!doctype html>
<html>
<head>
  <meta charset="UTF-8">
  <title>반응문자선택자</title>
  <style type="text/css">
    p::selection { background: black; color: red; }
  </style>
</head>
<body>
  <h1>안녕 ?</h1>
  <p>오늘 날씨가 좋지요 ? 좋을 하루되세요 !</p>
</body>
</html>
```

[step 7] 제목에 그림자가 아래 화면에서와 같이 출력되도록 스타일을 적용하도록 하자. 스타일을 적용하기 위하여 다음과 같이 입력하도록 한다.

```
<style type="text/css">
  body {margin:10px; padding: 10px}
  p::first-letter {font-size:3em}
  p::first-line {color: blue}
  p::selection {background:yellow; color:red}
  h1{text-shadow:5px 5px 5px black}
</style>
```

Tip. text-shadow 속성

글자에 그림자를 주는 속성으로서, 그림자의 수평과 수직 거리를 지정하고 흐림정도와 색상값을 따로 지정할 수 있다.

· **구문**

```
{ text-shadow:h-shadow v-shadow blur color; }
```

- h-shadow : 글자의 수평그림자 위치 지정
- v-shadow : 글자의 수직그림자 위치 지정
- blur : 흐림정도의 값 지정
- color : 색상값 지정

제 4 절 이색학과 소개 홈페이지 작성하기

다음과 같은 국내외 대학의 이색학과를 소개하는 홈페이지를 작성하기로 한다.

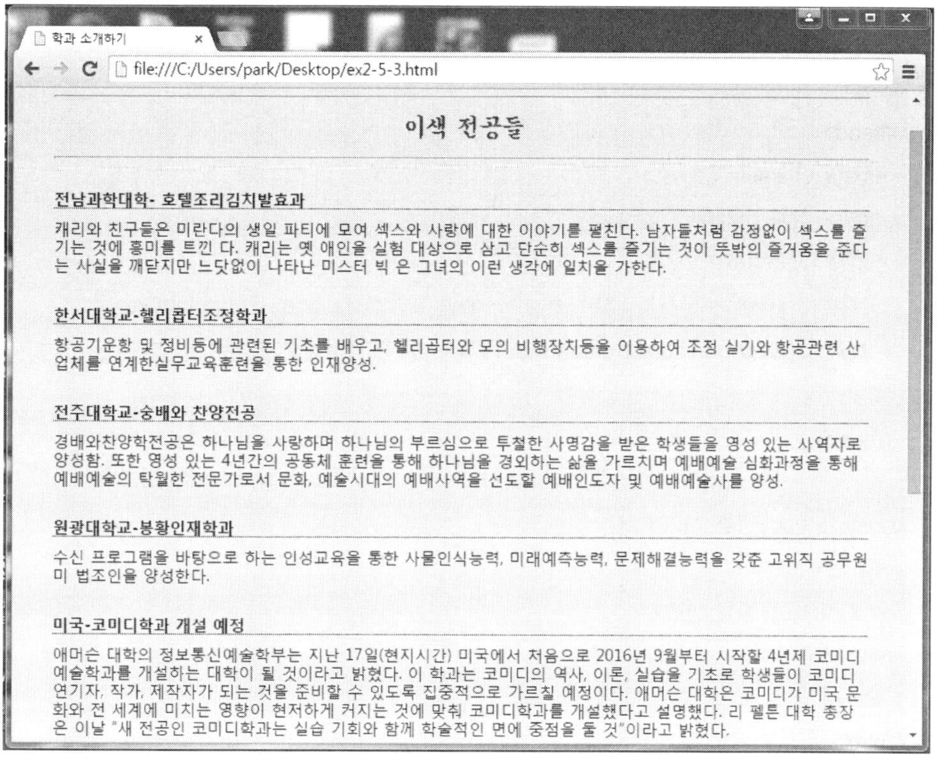

[step 1] Windows의 [시작]버튼을 선택하여 '메모장'을 연다. 그리고, 메모장에서 다음과 같이 입력한다.

```
<!doctype html>
<html>
 <head>
  <meta charset="UTF-8">
   <title>문서꾸미기</title>
 </head>
<body>
```

```
</body>
</html>
```

[step 2] 상기 홈페이지의 제목을 아래와 같이 표현하기로 한다. 이를 위해서는 다음과 같이 입력한다.

```
<html>
 <head>
  <meta charset="utf-8">
  <title> 학과 소개하기 </title>
  <style type="text/css">
    h2{ font-family:궁서체; text-align:center; letter-spacing:-2pt;color:Green}
    hr#hr5{height:4px;color:green;width:400}/*두께 4픽셀의 선*/
  </style>
 </head>

<body bgcolor="#E7EFEF" >
  <hr id="hr2">
  <h2>이색 전공들</h2>
  <hr id="hr2">
</body>
</html>
```

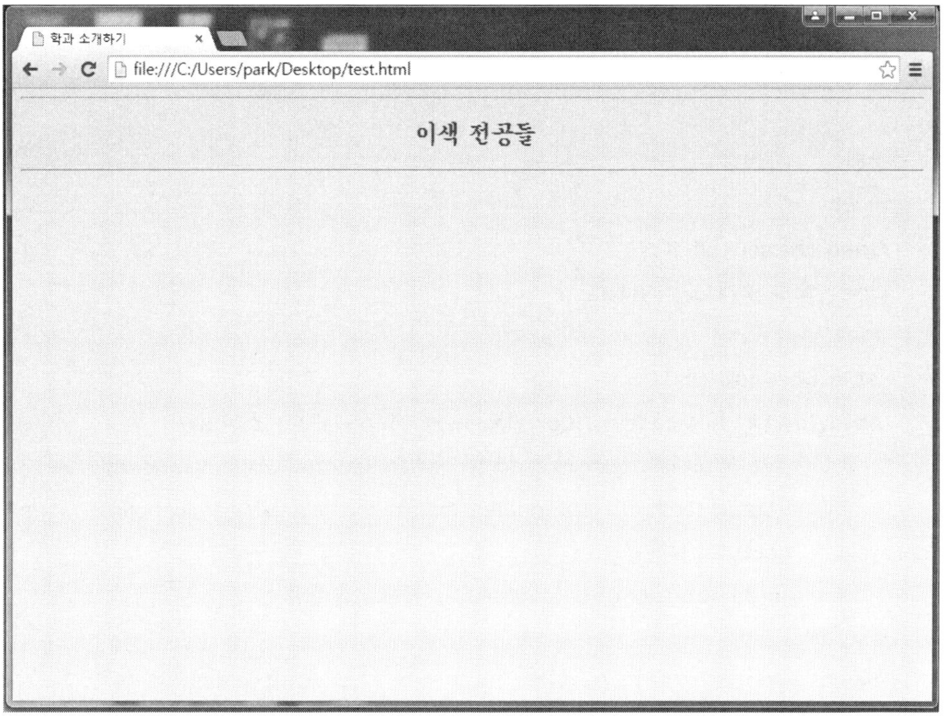

Tip. font-family 속성

글꼴 집합으로서, font-family는 다시 family-name과 generic family로 나누어진다. family-name는 arial, verdana, 나눔고딕, 궁서, 굴림과 같은 글꼴 이름을 나타내고, generic family는 Serif(바탕체), Sans-serif(고딕체), Cursive(필기체)등과 같은 모양이 비슷한 글꼴들의 그룹을 나타낸다.

Tip. letter-spacing 속성

글자 간격을 설정하는데 이용하는 속성으로서, 단위는 px, em, %로 지정하며 음수 값도 가능하다.

[step 3] 국내대학의 이색학과를 소개하기 위하여 다음과 같이 입력하며, 아래와 같은 결과를 확인할 수 있다.

```
<html>
 <head>
  <meta charset="utf-8">
  <title> 학과 소개하기 </title>

  <style type="text/css">
    body{margin:30 ; padding:10px; line-height:14pt}/*기본 스타일*/
    h2{font-family:궁서체; text-align:center; letter-spacing:-2pt;color:Green}
    .dotLine{border-bottom : 1px dotted; margin-top : 30px; margin-bottom : 10px;
font-weight : bold}/*소제목*/
    hr#hr5{height:4px;color:green;width:400}/*두께 4픽셀의 선*/
  </style>
 </head>

<body bgcolor="#E7EFEF" >
  <hr id="hr2">
  <h2>이색 전공들</h2>
  <hr id="hr2">

<div class="dotLine"> 전남과학대학- 호텔조리김치발효과 </div>

 캐리와 친구들은 미란다의 생일 파티에 모여 섹스와 사랑에 대한 이야기를 펼친다. 남자들
처럼 감정없이 섹스를 즐기는 것에 흥미를 느낀다. 캐리는 옛 애인을 실험 대상으로 삼고 단
순히 섹스를 즐기는 것이 뜻밖의 즐거움을 준다는 사실을 깨닫지만 느닷없이 나타난 미스터
빅은 그녀의 이런 생각에 일치을 가한다.
</body>
</html>
```

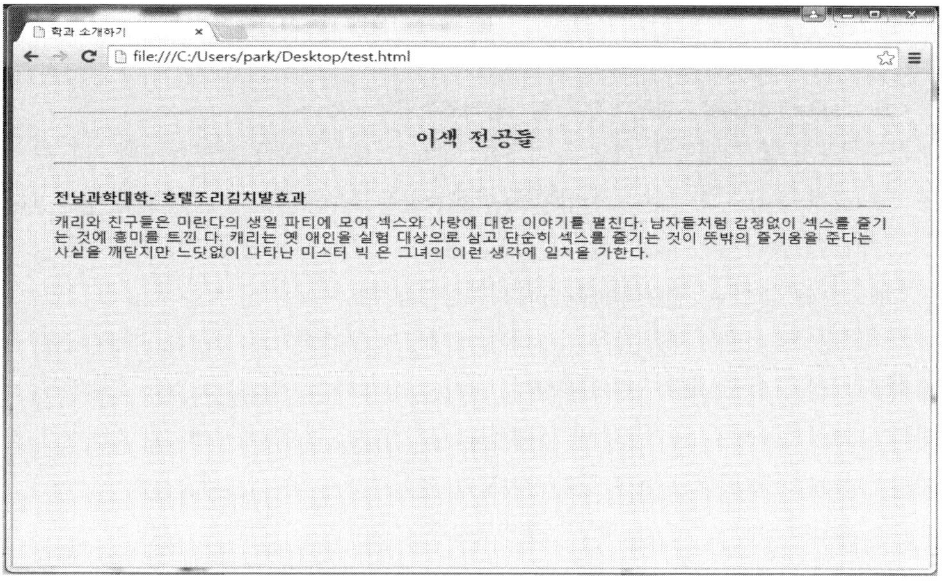

Tip. margin-top과 margin-bottom 속성

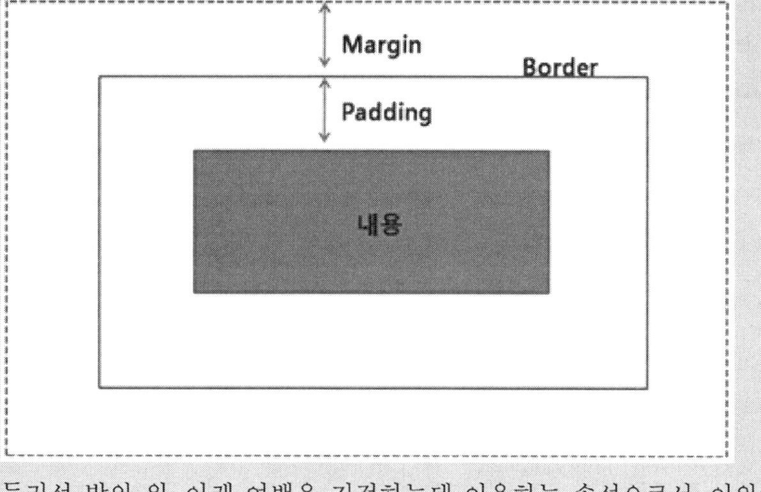

박스 테두리선 밖의 위, 아래 여백을 지정하는데 이용하는 속성으로서, 이외에 테두리선 밖의 우측과 좌측여백을 지정하는데 이용하는 margin-right와 margin-left속성이 있다.

margin속성값으로 1개를 입력하면, 모든 방향의 여백을 일괄 지정하는 것을 의미하고, 2개값 입력시, 상하, 좌우에 각각 해당값으로 여백을 지정하는 것을 의미하며, 3개 입력시, 각각 상, 좌우, 하에 해당 값으로 여백을 지정하는 것을 의미한다.

[step 4] 나머지 이색학과에 대한 정보를 다음과 같이 입력한다.

<div class="dotLine"> 한서대학교-헬리콥터조정학과 </div>
항공기운항 및 정비등에 관련된 기초를 배우고, 헬리곱터와 모의 비행장치등을 이용하여 조정 실기와 항공관련 산업체를 연계한실무교육훈련을 통한 인재를 양성한다.

<div class="dotLine">전주대학교-숭배와 찬양전공</div>
경배와찬양학전공은 하나님을 사랑하며 하나님의 부르심으로 투철한 사명감을 받은 학생들을 영성 있는 사역자로 양성한다. 또한 영성 있는 4년간의 공동체 훈련을 통해 하나님을 경외하는 삶을 가르치며 예배예술 심화과정을 통해 예배예술의 탁월한 전문가로서 문화, 예술시대의 예배사역을 선도할 예배인도자 및 예배예술사를 양성한다.
<div class="dotLine">원광대학교-봉황인재학과 </div>
수신 프로그램을 바탕으로 하는 인성교육을 통한 사물인식능력, 미래예측능력, 문제해결능력을 갖춘 고위직 공무원미 법조인을 양성한다.

<div class="dotLine"> 미국-코미디학과 개설 예정</div>
애머슨 대학의 정보통신예술학부는 지난 17일(현지시간) 미국에서 처음으로 2016년 9월부터 시작할 4년제 코미디예술학과를 개설하는 대학이 될 것이라고 밝혔다. 이 학과는 코미디의 역사, 이론, 실습을 기초로 학생들이 코미디 연기자, 작가, 제작자가 되는 것을 준비할 수 있도록 집중적으로 가르칠 예정이다. 애머슨 대학은 코미디가 미국 문화와 전 세계에 미치는 영향이 현저하게 커지는 것에 맞춰 코미디학과를 개설했다고 설명했다. 리 펠튼 대학 총장은 이날 "새 전공인 코미디학과는 실습 기회와 함께 학술적인 면에 중점을 둘 것"이라고 밝혔다.

<div class="dotLine"> 미국 석유공학</div>
석유공학은 지표 밑에서 원유나 천연가스와 같은 탄화수소를 생산하는 분야를 공부하는 학문이다. 탐사와 생산은 석유가스 산업의 상위 섹터 범주에 들어간다. 석유공학은 고소득이 가능하며, 경험이 연봉에 영향을 미치는 전공 중 하나다.

<div class="dotLine"> 미국 샌디에이고 캘리포니아주립대(SDSU)- 성적소수자 학과 존재 </div>

동성애 학과는 남녀 동성애, 양성애, 그리고 성적 정체성 부적응, 성전환자 등을 연구하고 가르친다. 미국 내 성적 소수자들에 대한 연구는 1980년대 젊은 학자들을 중심으로 시작됐는데 1991년 뉴욕대에 동성애 학과가 처음으로 개설된 바 있다.

<div class="dotLine"> **프랑스 보르도대학-포도주 양조학과 운영**</div>

세계적인 적포도주 생산지로 유명한 프랑스 남서부 보르도지방에서는 지방대학 내 포도주 양조학과를 운영 중이다. 포도 생산국을 위협하는 미국 등의 추격을 따돌리기 위한 대응책의 하나로 만들어졌다. 포도주 맛을 유지하는 제조법을 교습시킨다. 1880년 윌리스 게용이라는 발효전문 화학자가 설립한 양조학연구소를 변형했다. 이곳에서는 소믈리에 과정, 프랑스와 유럽 와인의 지식, 시음과정, 포도주와 요리의 조화 등을 공부한다.

제 6장
월트디즈니 소개 홈페이지 만들기

· 학습 목표

이 장에서는 홈페이지에서 사용빈도가 높은 테이블에 대해 어떠한 스타일을 지정할 수 가 있는지와 함께, 테이블에 대한 스타일 지정방법 등에 대한 학습을 하도록 한다.

· 학습 내용

- caption태그, border-collapse속성, nth-child속성, nth-of-type()속성, hover속성, 링크 선택자 학습

제 1 절 간단한 CSS를 활용한 별자리 이야기 만들기

다음과 같은 별자리 이야기 문서를 작성한 후 CSS를 이용하여 <a>태그의 속성을 지정한다.

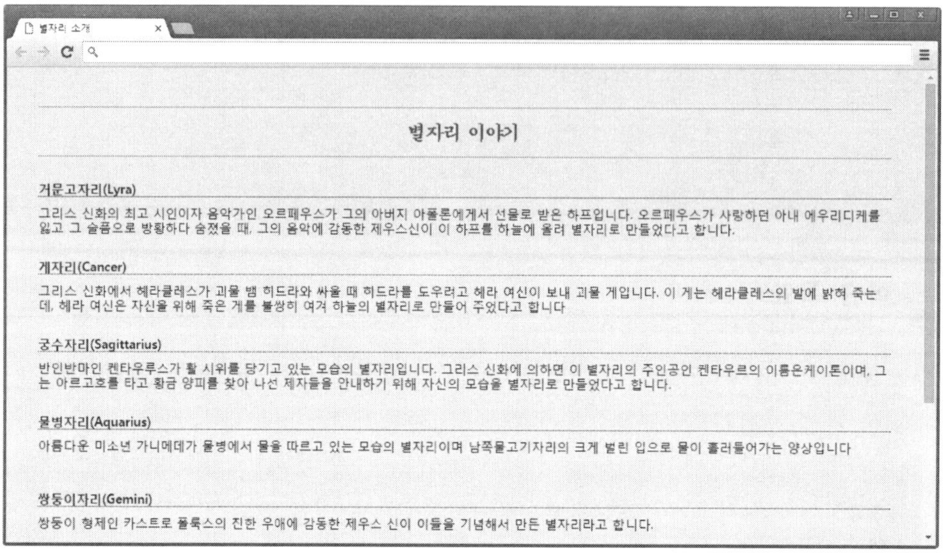

[step 1] Windows의 [시작]버튼을 선택하여 '메모장'을 연다. 그리고, 메모장에서 다음과 같이 입력한다.

```
<!doctype html>
<html>
 <head>
  <meta charset="UTF-8">
   <title>테이블 스타일속성</title>
 </head>
<body>
</body>
</html>
```

[step 2] 우선 별자리와 그에 대한 전설을 문서로 작성한다. 첫 번째 별자리는 참고한 위키백과사전 홈페이지로 연결한다.

```
<html>
 <head>
  <meta charset="utf-8">
 <title> 별자리 소개 </title>
 </head>

<body bgcolor="#E7EFEF" >
<hr id="hr2">
<h2>별자리 이야기</h2>
<hr id="hr2">
<div class="dotLine"> <a href="https://ko.wikipedia.org"> 거문고자리(Lyra)</a> </div>
그리스 신화의 최고 시인이자 음악가인 오르페우스가 그의 아버지 아폴론에게서
선물로 받은 하프입니다. 오르페우스가 사랑하던 아내 에우리디케를 잃고 그 슬픔으
로 방황하다 숨졌을 때, 그의 음악에 감동한 제우스신이 이 하프를 하늘에 올려 별자
리로 만들었다고 합니다.

<div class="dotLine"><a href="">게자리(Cancer) </a></div>
그리스 신화에서 헤라클레스가 괴물 뱀 히드라와 싸울 때 히드라를 도우려고 헤라
여신이 보내 괴물 게입니다. 이 게는 헤라클레스의 발에 밟혀 죽는데, 헤라 여신은 자
신을 위해 죽은 게를 불쌍히 여겨 하늘의 별자리로 만들어 주었다고 합니다.

<div class="dotLine"><a href="">궁수자리(Sagittarius)</a></div>
반인반마인 켄타우루스가 활 시위를 당기고 있는 모습의 별자리입니다. 그리스 신
화에 의하면 이 별자리의 주인공인 켄타우르의 이름은 케이론이며, 그는 아르고호를
타고 황금 양피를 찾아 나선 제자들을 안내하기 위해 자신의 모습을 별자리로 만들
었다고 합니다.

<div class="dotLine"><a href="">물병자리(Aquarius)</a> </div>
아름다운 미소년 가니메데가 물병에서 물을 따르고 있는 모습의 별자리이며 남쪽
```

```
물고기자리의 크게 벌린 입으로 물이 흘러들어가는 양상입니다

 <br><br>
<div class="dotLine"><a href="  ">쌍둥이자리(Gemini)</a></div>
쌍둥이 형제인 카스트로 폴룩스의 진한 우애에 감동한 제우스 신이 이들을 기념해
서 만든 별자리라고 합니다.

<br><br>
<div class="dotLine"><a href=" "> 양자리(Aries)</a></div>
안드로메다의 남쪽에 삼각형자리와 함께 작은 삼각형으로 보이는 별자리입니다. 2
등성인 알파별이 주변의 별보다 밝아서 쉽게 찾을 수 있습니다.

<br><br>
<div class="dotLine"><a href=" ">  오리온자리(Orion)</a></div>
달의 여신 아르테미스를 사랑한 대가로 그녀의 화살에 맞아 죽음을 당한 사냥꾼
오리온의 별자리입니다. 둘의 결혼을 반대한 오빠 아폴론의 계략으로 아르테미스는
오리온인지도 모르고 그에게 활을 쏘았던 것이었습니다.

</body>
</html>
```

[step 3] 웹 문서에 하이퍼링크의 밑줄이 나타나지 않도록 css 속성을 이용하여 지정한다. 다음과 같이 코드를 삽입하자.

```
<html>
 <head>
  <meta charset="utf-8">
 <title> 별자리 소개 </title>

 <style type="text/css" >

body{margin:30 ; padding:10px; line-height:14pt}
```

```
h2{ font-family:궁서체; text-align:center; letter-spacing:-2pt;color:Green}
.dotLine {border-bottom:1px dotted; margin-top:30px; margin-bottom:10px;font-weight:bold}

a:link {text-decoration : none; color:blue}
a:visited{color:red;}
</style>
</head>

<body bgcolor="#E7EFEF" >
<hr id="hr2">
<h2>별자리 이야기</h2>
<hr id="hr2">

<div class="dotLine"> <a href="https://ko.wikipedia.org"> 거문고자리(Lyra)</a> </div>
```

그리스 신화의 최고 시인이자 음악가인 오르페우스가 그의 아버지 아폴론에게서 선물로 받은 하프입니다. 오르페우스가 사랑하던 아내 에우리디케를 잃고 그 슬픔으로 방황하다 숨졌을 때, 그의 음악에 감동한 제우스신이 이 하프를 하늘에 올려 별자리로 만들었다고 합니다.

```
<div class="dotLine"><a href="">게자리(Cancer) </a></div>
```

그리스 신화에서 헤라클레스가 괴물 뱀 히드라와 싸울 때 히드라를 도우려고 헤라 여신이 보내 괴물 게입니다. 이 게는 헤라클레스의 발에 밟혀 죽는데, 헤라 여신은 자신을 위해 죽은 게를 불쌍히 여겨 하늘의 별자리로 만들어 주었다고 합니다.

```
<div class="doline"><a href="">궁수자리(Sagittarius)</a></div>
```

반인반마인 켄타우루스가 활시위를 당기고 있는 모습의 별자리입니다. 그리스 신화에 의하면 이 별자리의 주인공인 켄타우르의 이름은 케이론이며, 그는 아르고호를 타고 황금 양피를 찾아 나선 제자들을 안내하기 위해 자신의 모습을 별자리로 만들었다고 합니다.

```
<div class="dotLine"><a href="">물병자리(Aquarius)</a> </div>
아름다운 미소년 가니메데가 물병에서 물을 따르고 있는 모습의 별자리이며 남쪽 물고기자리의 크게 벌린 입으로 물이 흘러들어가는 양상입니다

<br><br>
<div class="dotLine"><a href="   ">쌍둥이자리(Gemini)</a></div>
쌍둥이 형제인 카스트로 폴룩스의 진한 우애에 감동한 제우스 신이 이들을 기념해서 만든 별자리라고 합니다.

<br><br>
<div class="dotLine"><a href=" "> 양자리(Aries)</a></div>
안드로메다의 남쪽에 삼각형자리와 함께 작은 삼각형으로 보이는 별자리입니다. 2등성인 알파별이 주변의 별보다 밝아서 쉽게 찾을 수 있습니다.

<br><br>
<div class="dotLine"><a href=" ">  오리온자리(Orion)</a></div>
달의 여신 아르테미스를 사랑한 대가로 그녀의 화살에 맞아 죽음을 당한 사냥꾼 오리온의 별자리입니다. 둘의 결혼을 반대한 오빠 아폴론의 계략으로 아르테미스는 오리온인지도 모르고 그에게 활을 쏘았던 것이었습니다.

</body>
</html>
```

Tip

```
a:link  {text-decoration : none; color:blue}
a:visited{color:red;}
```

를 지정하여 하이퍼링크의 밑줄을 제거하고 방문후 링크된 부분은 빨간색으로 표시한다.

제 2 절 주소록 만들기

다음과 같은 주소록을 만들어 보기로 한다.

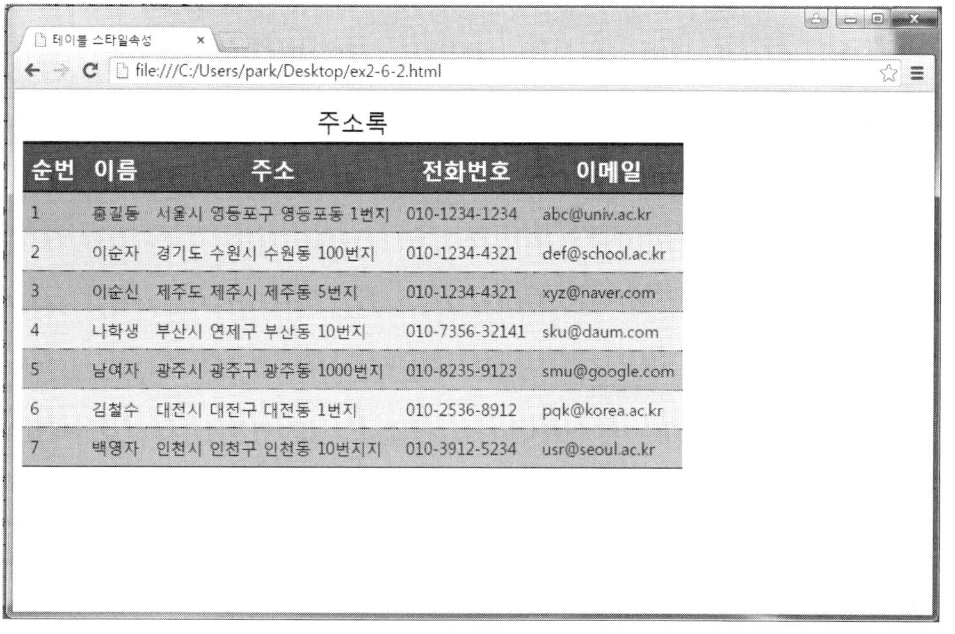

주소록

순번	이름	주소	전화번호	이메일
1	홍길동	서울시 영등포구 영등포동 1번지	010-1234-1234	abc@univ.ac.kr
2	이순자	경기도 수원시 수원동 100번지	010-1234-4321	def@school.ac.kr
3	이순신	제주도 제주시 제주동 5번지	010-1234-4321	xyz@naver.com
4	나학생	부산시 연제구 부산동 10번지	010-7356-32141	sku@daum.com
5	남여자	광주시 광주구 광주동 1000번지	010-8235-9123	smu@google.com
6	김철수	대전시 대전구 대전동 1번지	010-2536-8912	pqk@korea.ac.kr
7	백영자	인천시 인천구 인천동 10번지지	010-3912-5234	usr@seoul.ac.kr

[step 1] Windows의 [시작]버튼을 선택하여 '메모장'을 연다. 그리고, 메모장에서 다음과 같이 입력한다.

```
<!doctype html>
<html>
 <head>
  <meta charset="UTF-8">
   <title>테이블 스타일속성</title>
 </head>
<body>
</body>
</html>
```

[step 2] 우선, 주소록을 데이터로 갖는 테이블을 만들도록 한다. 이를 위해 다음과 같이 입력하면 아래와 같은 결과를 확인할 수 있다.

```
<!DOCTYPE html>
<html>
<head>
   <meta charset="utf-8">
   <title>테이블 스타일속성</title>
</head>

<body>
   <table>
     <caption> 주소록</caption>
       <tr><th>순번</th><th>이름</th><th>주소</th><th>전화번호</th><th>이메일
</th></tr>

  <tr><td> 1 </td><td>   홍길동</td> <td> 서울시 영등포구 영등포동 1번지</td>
<td>010-1234-1234  </td>  <td>abc@univ.ac.kr  </td></tr>
  <tr><td> 2 </td><td> 이순자 </td> <td> 경기도 수원시 수원동 100번지 </td> <td>
010-1234-4321 </td> <td>def@school.ac.kr  </td></tr>
  <tr><td> 3 </td><td> 이순신 </td> <td> 제주도 제주시 제주동 5번지   </td> <td>
010-1234-4321 </td> <td>xyz@naver.com </td></tr>
  <tr><td> 4 </td><td> 나학생 </td> <td> 부산시 연제구 부산동 10번지  </td> <td>
010-7356-32141 </td> <td>sku@daum.com </td></tr>
  <tr><td> 5 </td><td> 남여자 </td> <td> 광주시 광주구 광주동 1000번지 </td> <td>
010-8235-9123 </td> <td>smu@google.com</td></tr>
  <tr><td> 6 </td><td> 김철수 </td> <td> 대전시 대전구 대전동 1번지    </td> <td>
010-2536-8912 </td> <td>pqk@korea.ac.kr</td></tr>
  <tr><td> 7 </td><td> 백영자 </td> <td> 인천시 인천구 인천동 10번지지 </td> <td>
010-3912-5234 </td> <td>usr@seoul.ac.kr </td></tr>
  </table>
  </body>
  </html>
```

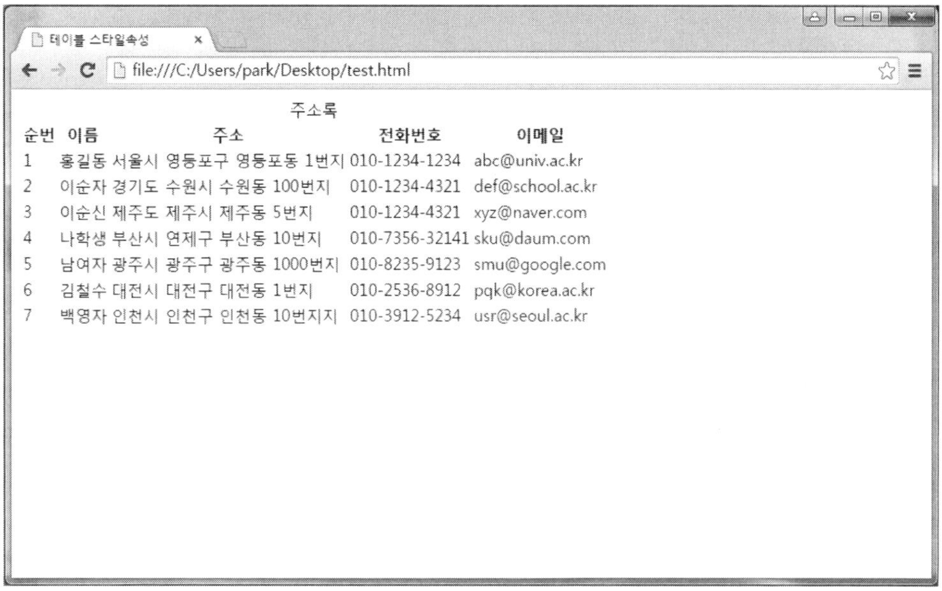

주소록

순번	이름	주소	전화번호	이메일
1	홍길동	서울시 영등포구 영등포동 1번지	010-1234-1234	abc@univ.ac.kr
2	이순자	경기도 수원시 수원동 100번지	010-1234-4321	def@school.ac.kr
3	이순신	제주도 제주시 제주동 5번지	010-1234-4321	xyz@naver.com
4	나학생	부산시 연제구 부산동 10번지	010-7356-32141	sku@daum.com
5	남여자	광주시 광주구 광주동 1000번지	010-8235-9123	smu@google.com
6	김철수	대전시 대전구 대전동 1번지	010-2536-8912	pqk@korea.ac.kr
7	백영자	인천시 인천구 인천동 10번지지	010-3912-5234	usr@seoul.ac.kr

Tip. 〈caption〉 태그

<caption> 태그는 테이블에 제목을 표기할 수 있는 태그로서, <caption> 태그를 사용하면 대부분의 웹브라우저는 테이블의 상단 가운데 정렬해서 제목을 표시해 준다. 그리고, ＜caption＞ 태그는 반드시 ＜table＞ 태그 블록에 포함되어야 한다.

[step 3] 테이블의 제목에 스타일을 지정하기 위하여 다음과 같이 입력하도록 하면, 아래와 같은 결과화면을 확인할 수 있다.

```
<style>
   caption { font-size: 24px; margin: 5px; }
</style>
```

[step 4] '순번'과 '이름'등의 제목 부분에 스타일을 지정하기 위하여 다음과 같이 입력하도록 하면 아래와 같이 결과화면을 확인할 수 있다.

```
<style>
   table th, table td { margin: 8px; padding: 8px; }
   caption { font-size: 24px; margin: 5px; }
</style>
```

테이블 스타일속성
file:///C:/Users/park/Desktop/test.html
주소록
순번 이름 주소 전화번호 이메일
1 홍길동 서울시 영등포구 영등포동 1번지 010-1234-1234 abc@univ.ac.kr
2 이순자 경기도 수원시 수원동 100번지 010-1234-4321 def@school.ac.kr
3 이순신 제주도 제주시 제주동 5번지 010-1234-4321 xyz@naver.com
4 나학생 부산시 연제구 부산동 10번지 010-7356-32141 sku@daum.com
5 남여자 광주시 광주구 광주동 1000번지 010-8235-9123 smu@google.com
6 김철수 대전시 대전구 대전동 1번지 010-2536-8912 pqk@korea.ac.kr
7 백영자 인천시 인천구 인천동 10번지지 010-3912-5234 usr@seoul.ac.kr

Tip. 복합선택자(Combinator)

복합선택자는 두 개 이상의 선택자요소가 모인 선택자로서, 하위선택자(Descendant Combinator)와 자식 선택자(Child Combinator) 그리고, 인접 형제 선택자(Adjacent Sibling Combinator)와 일반 형제 선택자(General Sibling Combinator)가 있다.

· **하위선택자**

하위 선택자는 어떤 요소의 하위에 있는 '모든' 요소 즉, 자손요소를 선택하는데 이용된다. A라는 요소의 하위에 있는 모든 B요소를 선택하고자 할 경우, 공백을 이용하여

```
A B
```

라고 표기한다.

· **자식선택자**

자식 선택자는 어떤 요소의 바로 아래에 있는 요소를 선택하는데 이용된다. A라는 요소의 아래에 있는 B요소를 선택하고자 할 경우, 꺾쇠기호(>)를 이용하여

```
A>B
```

라고 표기한다.

[step 5] 테이블 자체에 아래 화면에서와 같이 스타일을 지정하기 위하여 다음과 같이 입력한다.

```
<style>
    table th, table td { margin: 8px; padding: 8px; }
    table { border-top: 3px solid; border-bottom: 1px solid; border-collapse: collapse; }
    caption { font-size: 24px; margin: 5px; }
</style>
```

주소록

순번	이름	주소	전화번호	이메일
1	홍길동	서울시 영등포구 영등포동 1번지	010-1234-1234	abc@univ.ac.kr
2	이순자	경기도 수원시 수원동 100번지	010-1234-4321	def@school.ac.kr
3	이순신	제주도 제주시 제주동 5번지	010-1234-4321	xyz@naver.com
4	나학생	부산시 연제구 부산동 10번지	010-7356 32141	sku@daum.com
5	남여자	광주시 광주구 광주동 1000번지	010-8235-9123	smu@google.com
6	김철수	대전시 대전구 대전동 1번지	010-2536-8912	pqk@korea.ac.kr
7	백영자	인천시 인천구 인천동 10번지지	010-3912-5234	usr@seoul.ac.kr

Tip. border-top과 border-bottom 속성

border-top과 border-bottom은 각각 위쪽 테두리선과 아래쪽 테두리선을 가리킨다. 그리고, border-left와 border-right는 각각 왼쪽 테두리선과 오른쪽 테두리선을 가리킨다.

Tip. border-collapse 속성

테이블 또는 셀의 테두리선의 표시방법을 지정하는 속성으로서, 속성값으로는 collapse와 separate가 있다.

- **속성값 collapse**
  서로 이웃하는 테이블 또는 셀의 테두리선을 겹쳐서 표시한다.
- **속성값 separate**
  기본값으로서, 서로 이웃하는 테이블 또는 셀의 테두리선을 분리시켜 표시한다.

[step 6] 테이블 제목부분에 아래 화면에서와 같이 스타일을 지정하기 위하여 다음과 같이 입력한다.

```
<style>
    table th, table td { margin: 8px; padding: 8px; }
    table { border-top: 3px solid; border-bottom: 1px solid; border-collapse: collapse; }
    table th { background-color: green; color: white; border-bottom: 2px solid black; font-size: 1.4em; }
    caption { font-size: 24px; margin: 5px; }
</style>
```

순번	이름	주소	전화번호	이메일
1	홍길동	서울시 영등포구 영등포동 1번지	010-1234-1234	abc@univ.ac.kr
2	이순자	경기도 수원시 수원동 100번지	010-1234-4321	def@school.ac.kr
3	이순신	제주도 제주시 제주동 5번지	010-1234-4321	xyz@naver.com
4	나학생	부산시 연제구 부산동 10번지	010-7356-32141	sku@daum.com
5	남여자	광주시 광주구 광주동 1000번지	010-8235-9123	smu@google.com
6	김철수	대전시 대전구 대전동 1번지	010-2536-8912	pqk@korea.ac.kr
7	백영자	인천시 인천구 인천동 10번지지	010-3912-5234	usr@seoul.ac.kr

[step 7] 테이블의 데이터부분에 아래 화면에서와 같이 스타일을 지정하기 위하여 다음과 같이 입력한다.

```
<style>
    table th, table td { margin: 8px; padding: 8px; }
```

```
    table { border-top: 3px solid; border-bottom: 1px solid; border-collapse: collapse; }
    table th { background-color: green; color: white; border-bottom: 2px solid black;
font-size: 1.4em; }
    table td { border-bottom: 1px dotted; }
    caption { font-size: 24px; margin: 5px; }
  </style>
```

주소록

순번	이름	주소	전화번호	이메일
1	홍길동	서울시 영등포구 영등포동 1번지	010-1234-1234	abc@univ.ac.kr
2	이순자	경기도 수원시 수원동 100번지	010-1234-4321	def@school.ac.kr
3	이순신	제주도 제주시 제주동 5번지	010-1234-4321	xyz@naver.com
4	나학생	부산시 연제구 부산동 10번지	010-7356-32141	sku@daum.com
5	남여자	광주시 광주구 광주동 1000번지	010-8235-9123	smu@google.com
6	김철수	대전시 대전구 대전동 1번지	010-2536-8912	pqk@korea.ac.kr
7	백영자	인천시 인천구 인천동 10번지지	010-3912-5234	usr@seoul.ac.kr

[step 8] 테이블 자체에 아래 화면에서와 같이 스타일을 지정하기 위하여 다음과 같이 입력한다.

```
  <style>
    table th, table td { margin: 8px; padding: 8px; }
    table { border-top: 3px solid; border-bottom: 1px solid; border-collapse: collapse; }
    table th { background-color: green; color: white; border-bottom: 2px solid black;
font-size: 1.4em; }
    table td { border-bottom: 1px dotted; }
    caption { font-size: 24px; margin: 5px; }
```

```
    tbody > tr:nth-child(odd) { background-color: lavender; }
</style>
```

Tip. nth-child()속성

특정 요소에만 스타일을 지정하고자 할 경우에 nth-child()속성을 사용하는데, 특히, 게시판에서 일부 리스트에만 스타일을 지정하고자 할 때 많이 사용된다.

- li:nth-child(even) {color:red;}
  리스트중에서 짝수번째 리스트를 빨강색으로 표현
- li:nth-child(4) {color:red;}
  리스트중에서 4번째 리스트를 빨강색으로 표현

[step 9] 테이블 자체에 아래 화면에서와 같이 스타일을 지정하기 위하여 다음과 같이 입력한다.

```
<style>
    table th, table td { margin: 8px; padding: 8px; }
    table { border-top: 3px solid; border-bottom: 1px solid; border-collapse: collapse; }
    table th { background-color: green; color: white; border-bottom: 2px solid black;
font-size: 1.4em; }
    table td { border-bottom: 1px dotted; }
    caption { font-size: 24px; margin: 5px; }
    tbody > tr:nth-child(odd) { background-color: lavender; }
    tbody > tr:nth-of-type(even) { background-color: rgb(214,158,210); }
</style>
```

순번	이름	주소	전화번호	이메일
1	홍길동	서울시 영등포구 영등포동 1번지	010-1234-1234	abc@univ.ac.kr
2	이순자	경기도 수원시 수원동 100번지	010-1234-4321	def@school.ac.kr
3	이순신	제주도 제주시 제주동 5번지	010-1234-4321	xyz@naver.com
4	나학생	부산시 연제구 부산동 10번지	010-7356-32141	sku@daum.com
5	남여자	광주시 광주구 광주동 1000번지	010-8235-9123	smu@google.com
6	김철수	대전시 대전구 대전동 1번지	010-2536-8912	pqk@korea.ac.kr
7	백영자	인천시 인천구 인천동 10번지지	010-3912-5234	usr@seoul.ac.kr

Tip. nth-of-type(even)속성

nth-child()속성은 부모의 n번째 자식 요소를 선택하는 선택자인데 비해, nth-of-type()은 같은 유형의 n번째 형제 요소를 선택하는 선택자이다.

제 3 절 월트디즈니공원 소개 홈페이지 작성

다음과 같이 월트디즈니공원을 소개하는 홈페이지를 작성하기로 한다.

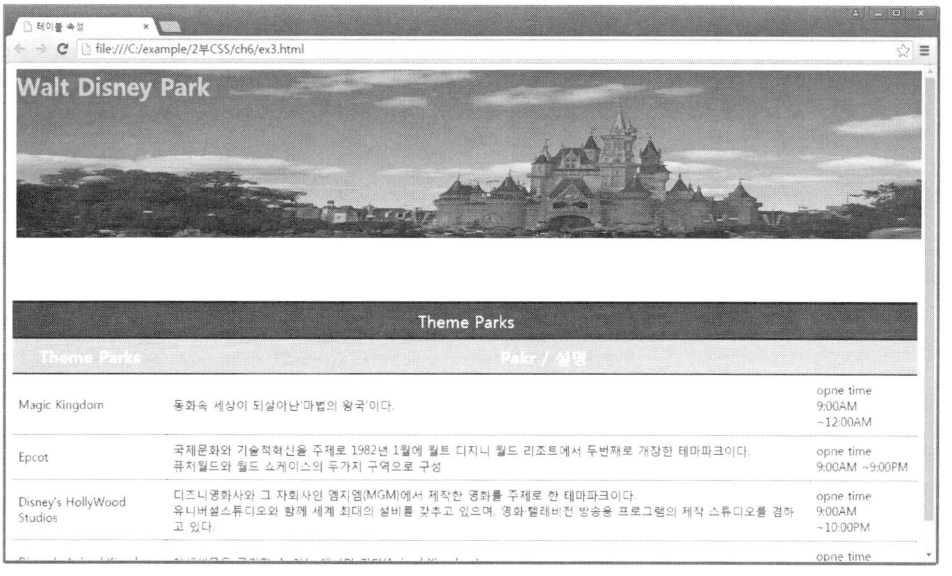

[step 1] Windows의 [시작]버튼을 선택하여 '메모장'을 연다. 그리고, 메모장에서 다음과 같이 입력한다.

```
<!doctype html>
<html>
 <head>
  <meta charset="UTF-8">
   <title>테이블 속성</title>
 </head>
<body>
</body>
</html>
```

[step 2] 월트디즈니공원 소개 홈페이지의 제목을 표시할 수 있도록 하자. 이를 위해 다음과 같이 입력하면, 아래와 같이 제목을 표시할 수 있다.

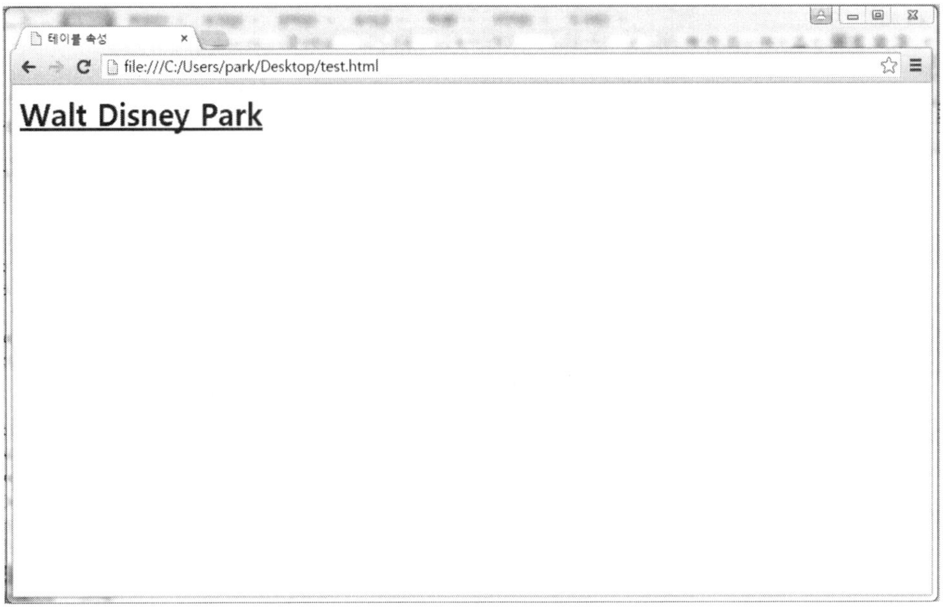


```
<body>
    <h1 class="imgbox2"><a href="https://disneyworld.disney.go.com/"> Walt Disney
Park</a></h1>
</body>
</html>
```

[step 3] 아래화면에서와 같이 테마파크를 소개하기 위하여, 다음과 같이 입력하도록 한다.

```
<body>
    <h1 class="imgbox2"><a href="https://disneyworld.disney.go.com/"> Walt Disney Park</a></h1>
    <table>
        <tr id="top"> <td colspan=3>Theme Parks</td> </tr>
        <tr > <th>Theme Parks</th> <th colspan=2> Pakr / 설명</th></tr>
        <tr><td>Magic Kingdom</td> <td >동화속 세상이 되살아난'마법의 왕국'이다.</td><td> opne time <br> 9:00AM ~12:00AM</td></tr>
        <tr><td >Epcot </td>  <td>국제문화와 기술적혁신을 주제로 1982년 1월에 월트디지니 월드 리조트에서 두번째로 개장한 테마파크이다.<br>
                    퓨처월드와 월드 쇼케이스의 두가지 구역으로 구성</td><td> opne time <br> 9:00AM ~9:00PM  </td>         </tr>
        <tr><td >Disney's HollyWood Studios</td> <td >디즈니영화사와 그 자회사인 엠지엠(MGM)에서 제작한 영화를 주제로 한 테마파크이다.<br>유니버설스튜디오와 함께 세계 최대의 설비를 갖추고 있으며, 영화·텔레비전 방송용 프로그램의 제작 스튜디오를 겸하고 있다. </td><td> opne time <br> 9:00AM ~10:00PM</td></tr>
        <tr> <td>Disney's Animal Kingdom</td> <td>야생생물을 구경할 수 있는 애니멀킹덤(Animal Kingdom)</td><td> opne time <br> 9:00AM ~7:00PM</td></tr>
    </table>
</body>
```

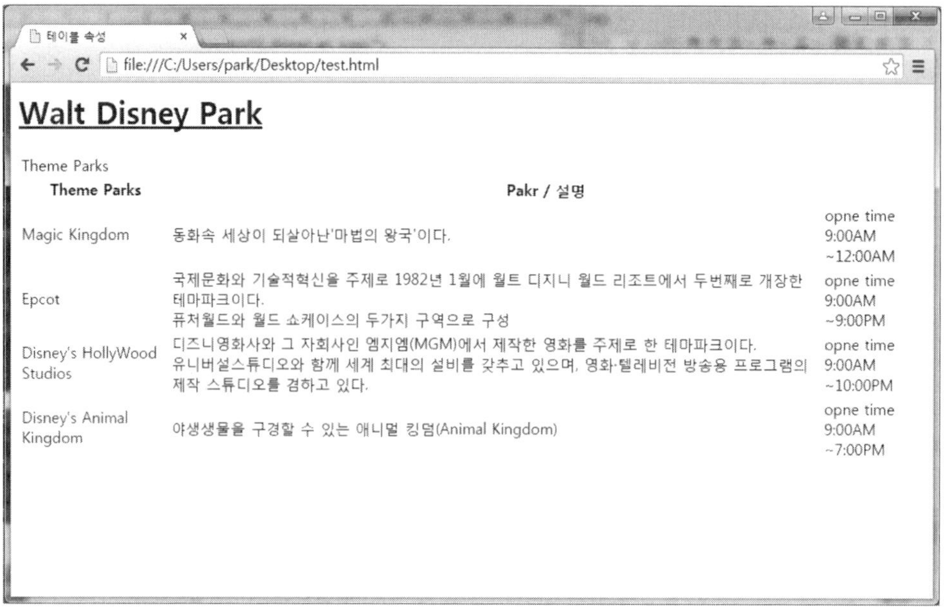

[step 4] 이제부터는 스타일을 지정하기로 한다. 먼저, 제목에 대해 아래 화면에서와 같이 스타일을 지정하기 위하여 다음과 같이 입력한다.

```
<style>
   h1 { margin: 5px; }
</style>
```

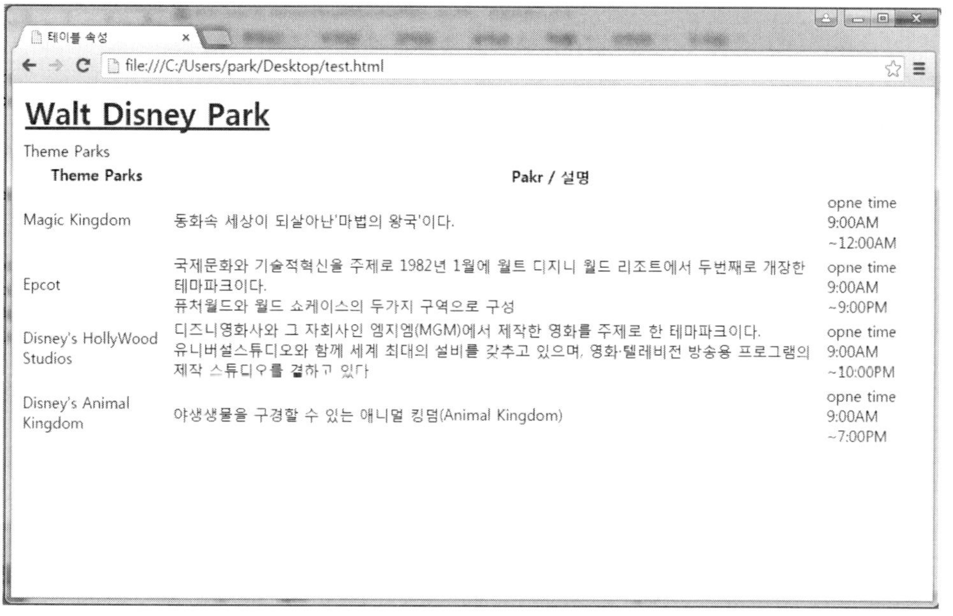

[step 5] 다음은 'Theme Parks'등의 제목 부분에 대해 공통으로 아래화면에서와 같이 스타일을 지정하기 위하여 다음과 같이 입력하도록 한다.

```
<style>
    table th, table td { margin: px; padding: 8px; }
    h1 { margin: 5px; }
</style>
```

[step 6] 아래화면에서와 같이 위와 아랫부분에 선을 그리는 등의 스타일을 지정하기 위하여 다음과 같이 입력하도록 한다.

```
<style>
    table th, table td { margin: px; padding: 8px; }
    table { border-top: 3px solid; border-bottom: 1px solid; border-collapse: collapse; }
    h1 { margin: 5px; }
</style>
```

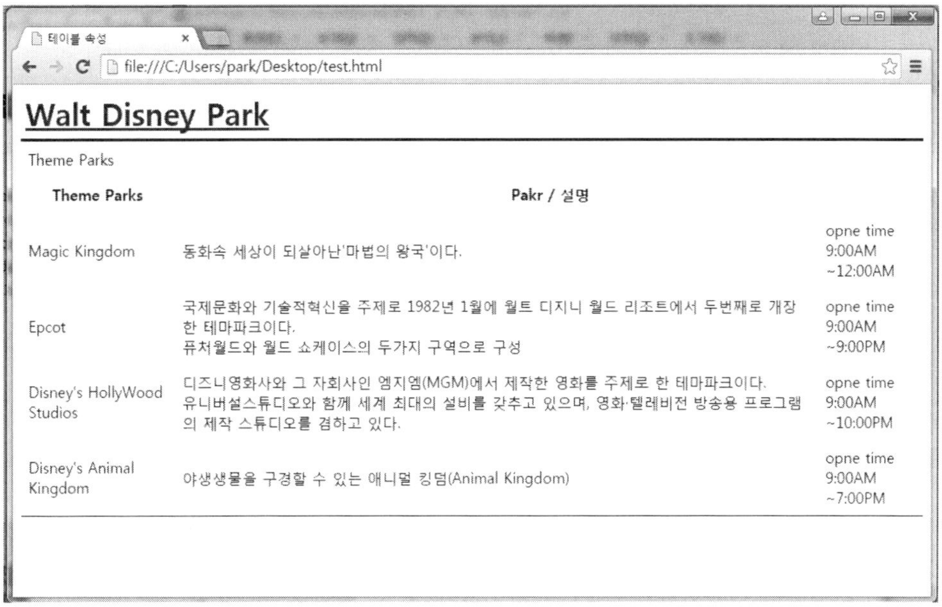

[step 7] 테이블의 상단과 하단에 대해 아래화면에서와 같이 스타일을 지정하기 위하여 다음과 같이 입력하도록 한다.

```
<style>
    table th, table td { margin: px; padding: 8px; }
    table { border-top: 3px solid; border-bottom: 1px solid; border-collapse: collapse; }
    table th { background-color: pink; color: white; border-bottom: 2px solid black;
font-size: 1.4em; }
    h1 { margin: 5px; }
</style>
```

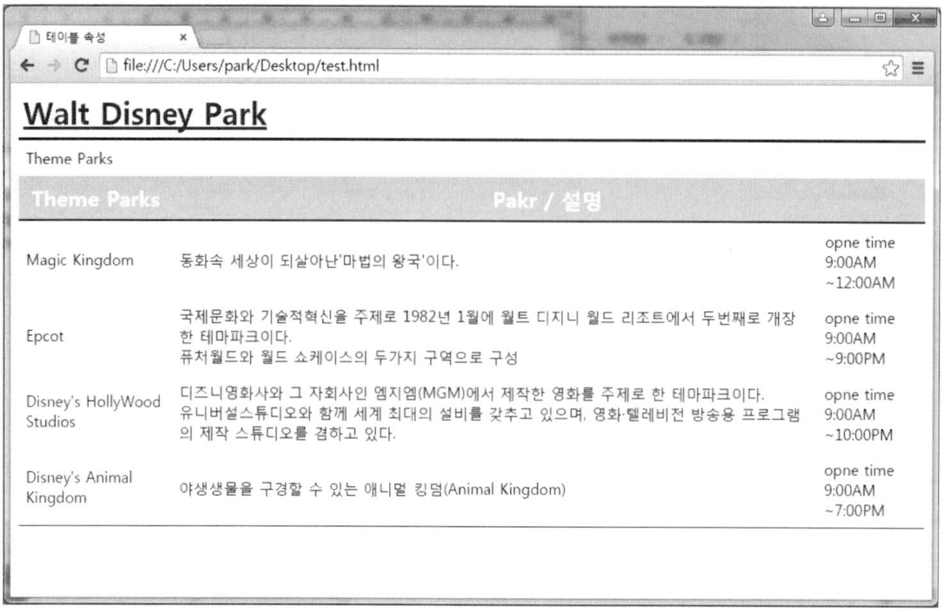

[step 8] 다음은 테이블에 아래화면에서와 같이 스타일을 지정하기 위하여 다음과 같이 입력하도록 한다.

```
<style>
    table th, table td { margin: px; padding: 8px; }
    table { border-top: 3px solid; border-bottom: 1px solid; border-collapse: collapse; }
    table th { background-color: pink; color: white; border-bottom: 2px solid black; font-size: 1.4em; }
    table td { border-bottom: 1px dotted; }
    h1 { margin: 5px; }
</style>
```

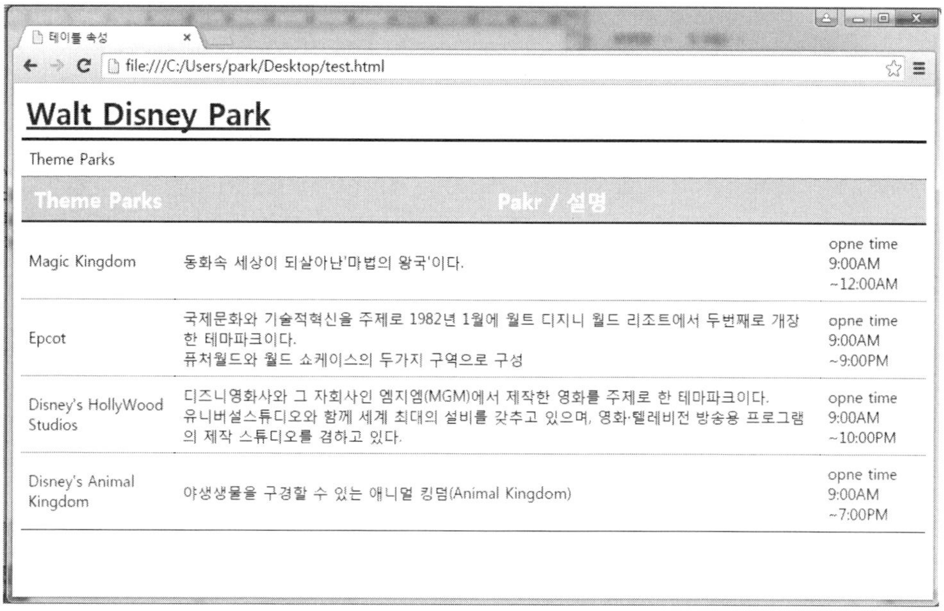

[step 9] 다음은 테이블에서 테마파크위로 마우스를 이동했을 때, 아래화면에서와 같이 변화할 수 있도록 스타일을 지정하기 위하여 다음과 같이 입력하도록 한다.

```
<style>
    table th, table td { margin: px; padding: 8px; }
    table { border-top: 3px solid; border-bottom: 1px solid; border-collapse: collapse; }
    table th { background-color: pink; color: white; border-bottom: 2px solid black;
font-size: 1.4em; }
    table td { border-bottom: 1px dotted; }
    table tr : hover { background-color: yellow ; cursor: pointer; }
    h1 { margin: 5px; }
</style>
```

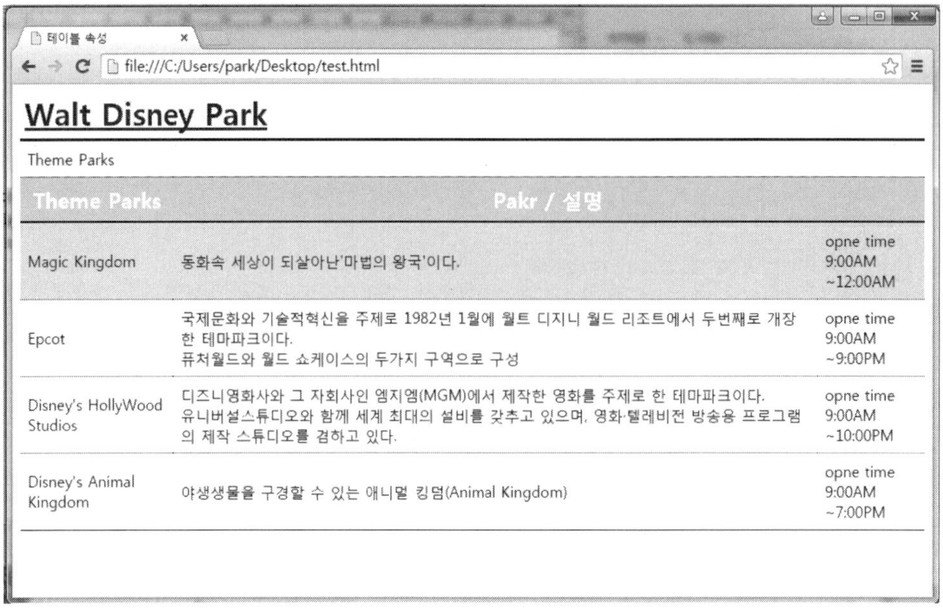

Tip. hover 속성

hover 속성은 단지 마우스 커서를 링크에 올려놓았을 때의 상태를 선택하는 속성으로서, 요소에 마우스를 이동했을 때 글자색이나 배경등 스타일을 지정하는데 이용된다.

[step 10] 다음은 테이블의 제목에 대해 아래화면에서와 같이 스타일을 지정하기 위하여 다음과 같이 입력하도록 한다.

```
<style>
    table th, table td { margin: px; padding: 8px; }
    table { border-top: 3px solid; border-bottom: 1px solid; border-collapse: collapse; }
    table th { background-color: pink; color: white; border-bottom: 2px solid black;
font-size: 1.4em; }
    table td { border-bottom: 1px dotted; }
    table tr:hover { background-color: yellow ; cursor: pointer; }
    tr#top { background-color:purple; color: white; border-bottom: 2px solid black;
font-size: 1.4em; text-align:center;}
```

```
    h1 { margin: 5px; }
</style>
```

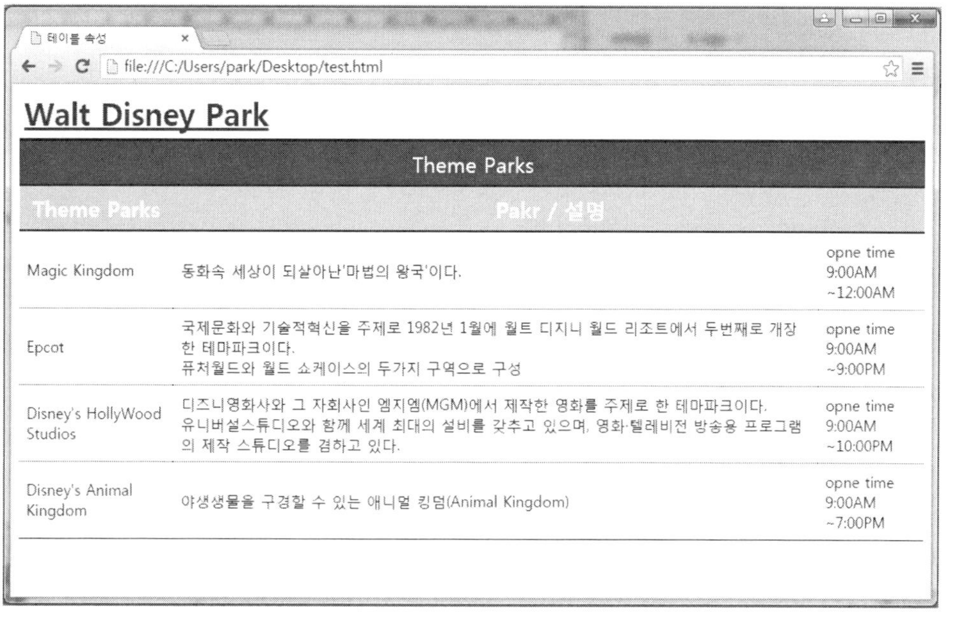

[step 11] 다음은 월트디즈니파크의 전경 이미지를 아래화면에서와 같이 표시할 수 있도록 스타일을 지정하기 위하여 다음과 같이 입력하도록 한다.

```
<style>
    table th, table td { margin: px; padding: 8px; }
    table { border-top: 3px solid; border-bottom: 1px solid; border-collapse: collapse; }
    table th { background-color: pink; color: white; border-bottom: 2px solid black; font-size: 1.4em; }
    table td { border-bottom: 1px dotted; }
    table tr:hover { background-color: yellow ; cursor: pointer; }
    tr#top { background-color:purple; color: white; border-bottom: 2px solid black; font-size: 1.4em; text-align:center;}
    .imgbox2{width:100%; height: 300px; background-image: url(castle.jpg); background-repeat:no-repeat;}
    h1 { margin: 5px; }
```

</style>

[step 12] 다음은 월트디즈니 파크의 제목을 아래화면에서와 같이 표시할 수 있도록 스타일을 지정하기 위하여 다음과 같이 입력하도록 한다.

```
<style>
    table th, table td { margin: px; padding: 8px; }
    table { border-top: 3px solid; border-bottom: 1px solid; border-collapse: collapse; }
    table th { background-color: pink; color: white; border-bottom: 2px solid black; font-size: 1.4em; }
    table td { border-bottom: 1px dotted; }
    table tr:hover { background-color: yellow ; cursor: pointer; }
    tr#top { background-color:purple; color: white; border-bottom: 2px solid black; font-size: 1.4em; text-align:center;}
    .imgbox2{width:100%; height: 300px; background-image: url(castle.jpg); background-repeat:no-repeat;}
    a:link {text-decoration : none; color:gold}
    h1 { margin: 5px; }
</style>
```

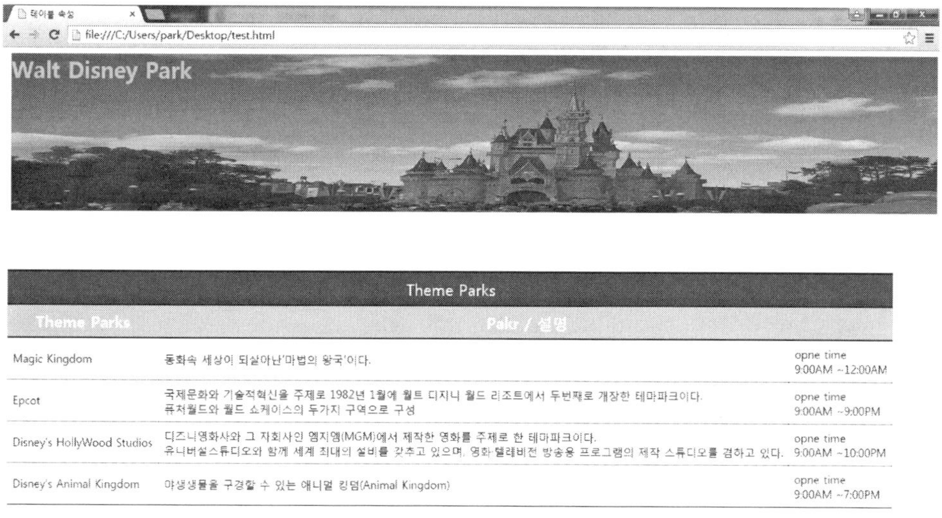

Tip. 링크선택자(link와 visited)

링크 선택자(The link pseudo-classes)로 :link와 :visited가 있는데, 이들은 문서안의 링크와 관련된 선택자이다. 가령, 하기 사용예에서, a:link는 링크가 걸려있는 부분을 빨간색으로 표시되도록 하는 것을 의미하고, a:visited는 방문을 한 링크 부분은 빨간색에서 검정색으로 바뀌도록 하는 것을 의미한다.

· **사용예**

```
<!DOCTYPE html>
<html>
<head>
<title>링크선택자</title>
<style>
  a:link {color:red;}
  a:visited {color:black;}
</style>
</head>
<body>
  <a href="http://www.assembly.go.kr">대한민국 국회</a>
</body>
```

Tip. text-decoration 속성

text-decoration 속성은 하이퍼링크의 스타일을 지정하는데 많이 사용한다. 기본적으로 하이퍼링크는 underline 속성값이 지정된 상태 즉, 밑줄이 자동으로 나타나는데, 이러한 밑줄을 없애고자 할 경우, text-decoration : none으로 지정하면 된다. 또한, text-decoration 속성을 사용하면 텍스트를 몇 가지 형태로 꾸밀 수 있다.

<p style="text-decoration:underline">텍스트 하단 줄긋기</p>

<p style="text-decoration:overline">텍스트 상단 줄긋기</p>

<p style="text-decoration:line-through">텍스트 가운데 줄 긋기</p>

[step 13] 다음은 아래와 같이 입력하여 스타일 지정을 완료하도록 한다.

```
<style>
    table th, table td { margin: px; padding: 8px; }
    table { border-top: 3px solid; border-bottom: 1px solid; border-collapse: collapse; }
    table th { background-color: pink; color: white; border-bottom: 2px solid black;
font-size: 1.4em; }
    table td { border-bottom: 1px dotted; }
    table tr:hover { background-color: yellow ; cursor: pointer; }
    tr#top { background-color:purple; color: white; border-bottom: 2px solid black;
font-size: 1.4em; text-align:center;}
    .imgbox2{width:100%; height: 300px; background-image: url(castle.jpg);
background-repeat:no-repeat;}
    a:link {text-decoration : none; color:gold}
    a:visited{color:gold;}
    h1 { margin: 5px; }
</style>
```

제 7장
학과소개 홈페이지 작성

· 학습 목표

이 장에서는 홈페이지 제작시 사용빈도가 높은 영역에 대한 이해와 함께, 영역을 설정하고 마우스를 이용하여 특정 영역으로 이동했을 때 스타일을 설정하는 방법 등에 대한 학습을 하도록 한다.

· 학습 내용

- <div>태그, list-style-type속성, gradient속성 학습

제 1 절 리스트형 학과 소개 홈페이지 만들기

다음과 같은 학과 홈페이지를 만들기로 한다.

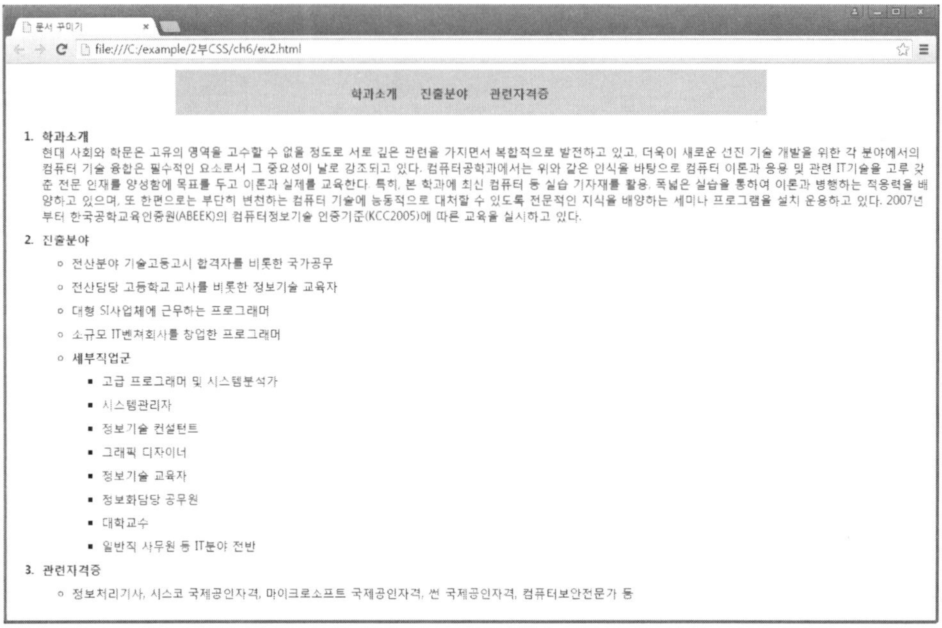

[step 1] Windows의 [시작]버튼을 선택하여 '메모장'을 연다. 그리고, 메모장에서 다음과 같이 입력한다.

```
<!doctype html>
<html>
 <head>
  <meta charset="UTF-8">
   <title>문서 꾸미기</title>
 </head>
<body>
</body>
</html>
```

[step 2] 아래 화면에서와 같이 학과소개, 진출분야, 관련자격증에 대해 리스트표현하기 위하여 다음과 같이 입력하도록 한다.

```
<html>
<head>
   <meta charset="utf-8">
<title> 문서 꾸미기</title>
</head>

<body>
<div id="top">
<UL>
   <li id="menu">학과소개
   <li id="menu">진출분야
   <li id="menu">관련자격증
</UL>
</div>
</body>
</html>
```

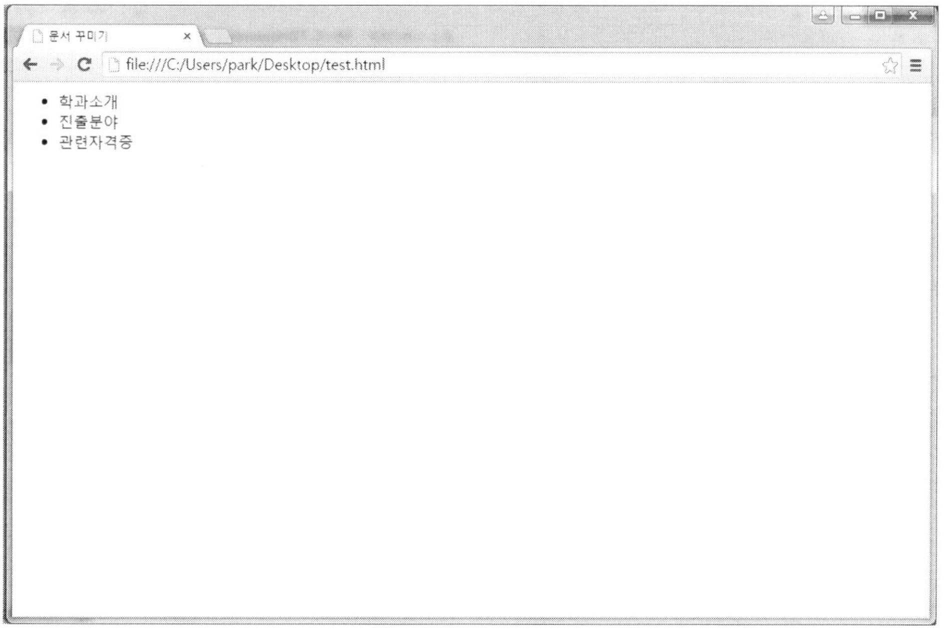

[step 3] 학과소개, 진출분야, 관련자격증 등에 대해 아래 화면에서와 같이 표현될 수 있도록 스타일을 지정하기 위하여 다음과 같이 입력하도록 한다.

```
<style type="text/css">
  #top {width:800px; height:60px; background-color:#CCC; margin:auto;}
  #top>ul {margin-left:200px; list-style-type:none;}
</style>
```

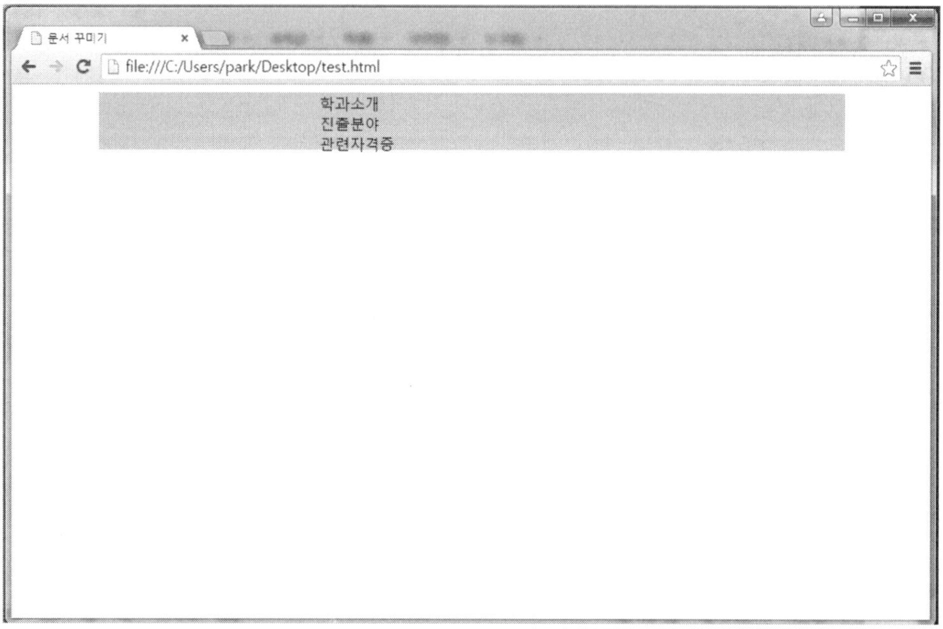

Tip. list-style-type 속성

list-style-type 속성은 HTML 태그에서 목록의 마크를 지정할 경우 사용하는 <UL>, <LI> 태그의 TYPE 속성과 같은 역할을 한다.

- **속성값** none
  마크를 표시하지 않는다.
- **속성값** disc
  검은색 동그라미 마크를 표시한다.
- **속성값** circle
  흰색 동그라미 마크를 표시한다.
- **속성값** square
  사각형 마크를 표시한다.
- **속성값** decimal
  10진수 마크를 표시한다.
- **속성값** lower-roman
  소문자 로마숫자 마크를 표시한다.
- **속성값** upper-roman
  대문자 로마숫자 마크를 표시한다.

[step 4] 학과소개, 진출분야, 관련자격증 등에 대해 아래 화면에서와 같이 표현될 수 있도록 스타일을 지정하기 위하여 다음과 같이 입력하도록 한다.

```
<style type="text/css">
  #top {width:800px; height:60px; background-color:#CCC; margin:auto;}
  #top>ul {margin-left:200px; list-style-type:none;}
  #menu{float:left; margin-right:30px; margin-top:20px; color:blue; font-weight:bold}
</style>
```

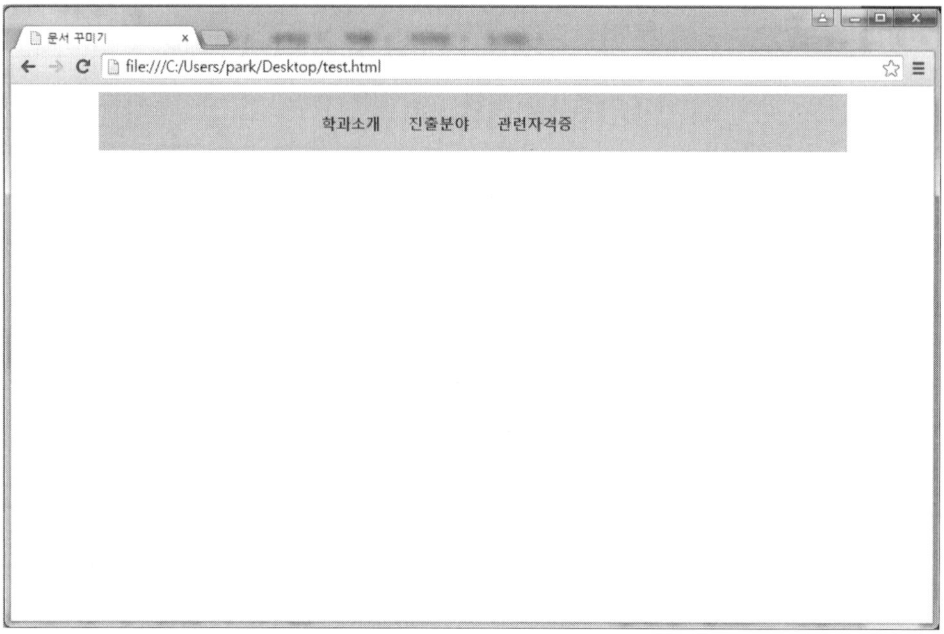

[step 5] 아래 화면에서와 같이 표시될 수 있도록, 데이터를 입력한다.

<OL>

<li id="menu1">학과소개</li>

현대 사회와 학문은 고유의 영역을 고수할 수 없을 정도로 서로 깊은 관련을 가지면서 복합적으로 발전하고 있고, 더욱이 새로운 선진 기술 개발을 위한 각 분야에서의 컴퓨터 기술 융합은 필수적인 요소로서 그 중요성이 날로 강조되고 있다. 컴퓨터공학과에서는 위와 같은 인식을 바탕으로 컴퓨터 이론과 응용 및 관련 IT기술을 고루 갖춘 전문 인재를 양성함에 목표를 두고 이론과 실제를 교육한다. 특히, 본 학과에 최신 컴퓨터 등 실습 기자재를 활용, 폭넓은 실습을 통하여 이론과 병행하는 적응력을 배양하고 있으며, 또 한편으로는 부단히 변천하는 컴퓨터 기술에 능동적으로 대처할 수 있도록 전문적인 지식을 배양하는 세미나 프로그램을 설치 운용하고 있다.

2007년부터 한국공학교육인증원(ABEEK)의 컴퓨터정보기술 인증기준(KCC2005)에 따른 교육을 실시하고 있다.

<li id="menu1">진출분야</li>

<UL>

<li> 전산분야 기술고등고시 합격자를 비롯한 국가공무</li>

```
                    <li> 전산담당 고등학교 교사를 비롯한 정보기술 교육자</li>
                    <li> 대형 SI사업체에 근무하는 프로그래머</li>
        <li>  소규모 IT벤쳐회사를 창업한 프로그래머</li>
                    <li id="menu1"> 세부직업군 </li>
                    <Ul>
        <li>  고급 프로그래머 및 시스템분석가</li>
                    <li>  시스템관리자</li>
                    <li>     정보기술 컨설턴트</li>
                    <li>     그래픽 디자이너</li>
                    <li>     정보기술 교육자</li>
                    <li>     정보화담당 공무원</li>
                    <li>     대학교수</li>
                    <li>     일반직 사무원 등 IT분야 전반</li>
        </UL>
       </UL>
  <li id="menu1"> 관련자격증</li>
                         <UL>
            <li> 정보처리기사, 시스코 국제공인자격, 마이크로소프트 국제공인자격,
썬 국제공인자격, 컴퓨터보안전문가 등
                         </UL>

  </OL>
```

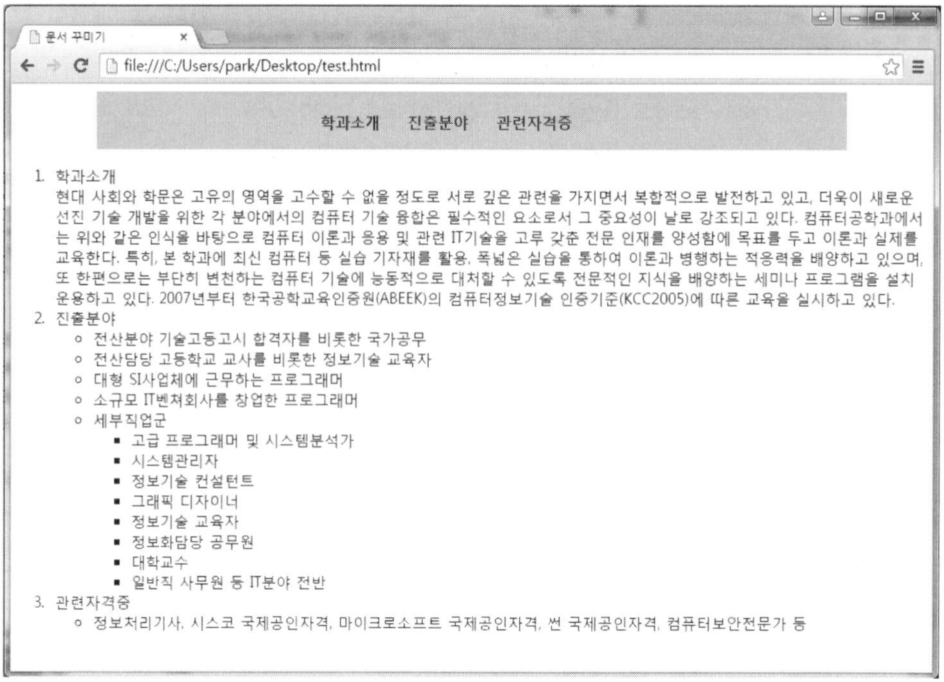

[step 6] 다음과 같이 스타일 지정을 하여, 홈페이지 작성을 완료하도록 한다.

```
<style type="text/css">
  #top {width:800px; height:60px; background-color:#CCC; margin:auto;}
  #top>ul {margin-left:200px; list-style-type:none;}
  #menu{float:left; margin-right:30px; margin-top:20px; color:blue; font-weight:bold}
  #menu1{font-weight:bold}
  li{ margin-top:10px;}
</style>
```

제 2 절 메뉴형 학과 소개 홈페이지 만들기

아래와 같이 html문법으로 작성된 파일을 CSS를 적용하여 작성해 보자.

[HTML 문서]

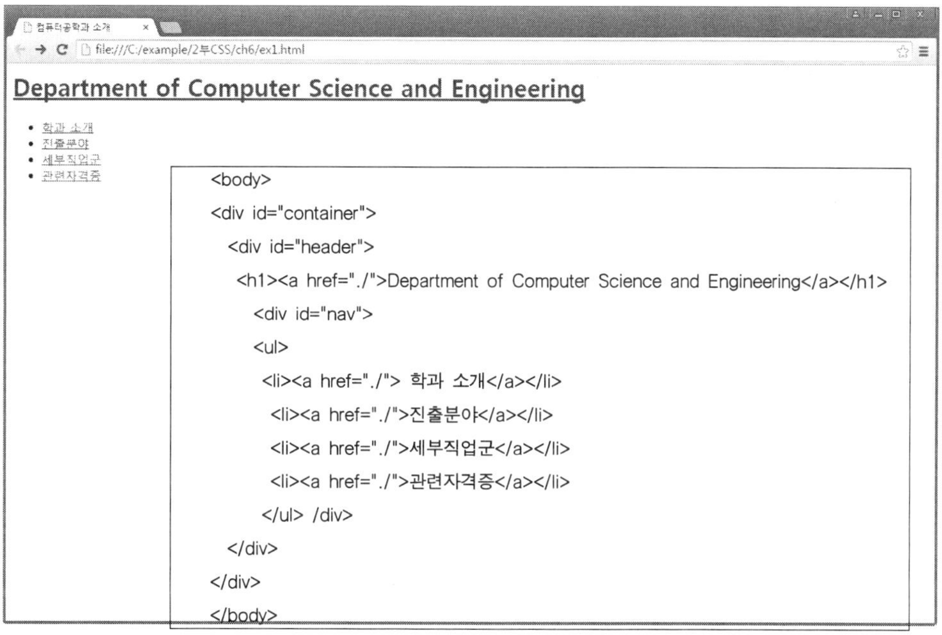


```
<body>
<div id="container">
  <div id="header">
   <h1><a href="./">Department of Computer Science and Engineering</a></h1>
     <div id="nav">
     <ul>
      <li><a href="./"> 학과 소개</a></li>
       <li><a href="./">진출분야</a></li>
       <li><a href="./">세부직업군</a></li>
       <li><a href="./">관련자격증</a></li>
      </ul> /div>
  </div>
</div>
</body>
```

[CSS 적용문서]

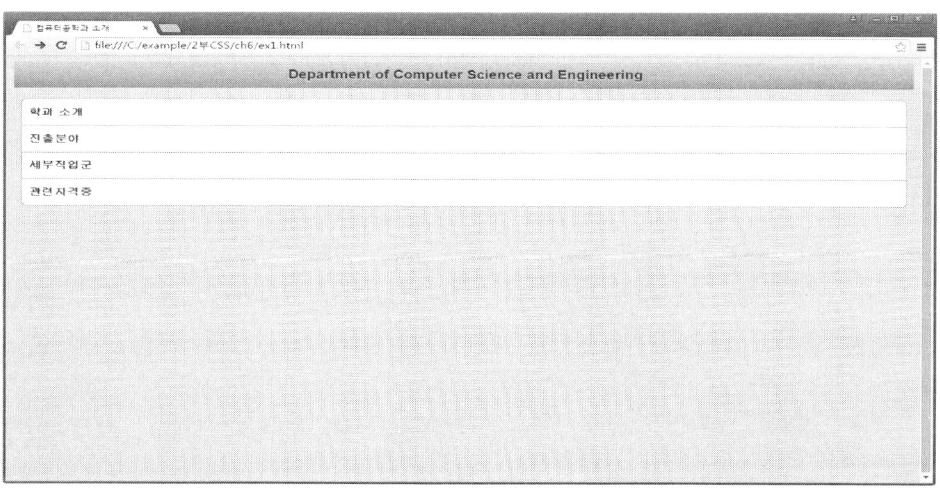

[step 1] Windows의 [시작]버튼을 선택하여 '메모장'을 연다. 그리고, 메모장에서 다음과 같이 입력한다.

```
<!doctype html>
<html>
 <head>
  <meta charset="UTF-8">
   <title>컴퓨터공학과 소개</title>
 </head>
<body>
</body>
</html>
```

[step 2] 아래 화면에서와 같이 홈페이지 제목을 표시하도록 다음과 같이 입력하도록 한다.

```
<body>
   <div id="container">
      <div id="header">
         <h1><a href="./">Department of Computer Science and Engineering</a></h1>
      </div>
   </div>
</body>
```

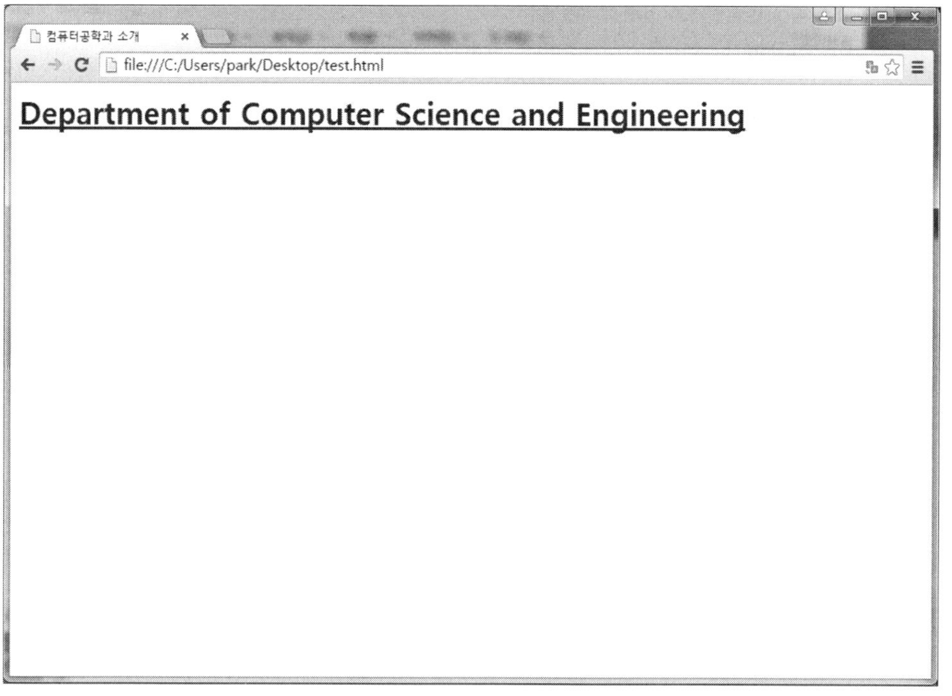

Tip. 〈div〉 태그

div는 Division Marker의 줄임말로서, 영역을 확보해 주는 요소이다.

- **단순히 영역만 지정**

  <div>글이나 그림 삽입</div>
- **지정된 영역에 바탕색 설정**

  <div style="background : blue">글이나 그림 삽입</div>
- **DIV 가로 세로 크기 설정**

  <div style="width: 100px ; height: 100px">글이나 그림 삽입</div>

[step 3] 홈페이지 제목부분에 대해 아래 화면에서와 같이 표시될 수 있도록 다음과 같이 스타일을 지정한다.

```
<style type="text/css">
#header h1 a {
    background-color: #ccc;
```

```
    border-bottom: 1px solid #666;
    color: #222;
    display: block;
    font-size: 20px;
    font-weight: bold;
    padding: 10px 0;
    text-align: center;
    text-decoration: none;
}
</style>
```

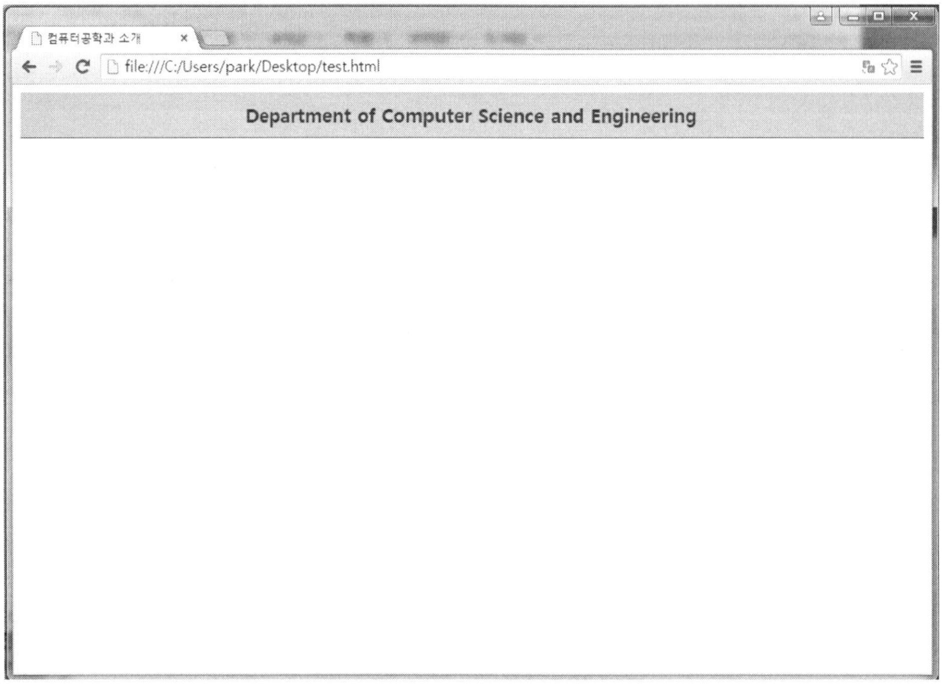

[step 4] 홈페이지 제목부분에 대해 아래 화면에서와 같이 표시될 수 있도록 다음과 같이 스타일을 지정한다.

```
<style type="text/css">
#header h1 a {
```

```
        background-color: #ccc;
        border-bottom: 1px solid #666;
        color: #222;
        display: block;
        font-size: 20px;
        font-weight: bold;
        padding: 10px 0;
        text-align: center;
        text-decoration: none;
    }
    #header h1 a {
        text-shadow: 0px 1px 1px #fff;
        background-image:          -webkit-gradient(linear,left          top,left
bottom,from(#ccc),to(#999));
    }
    </style>
```

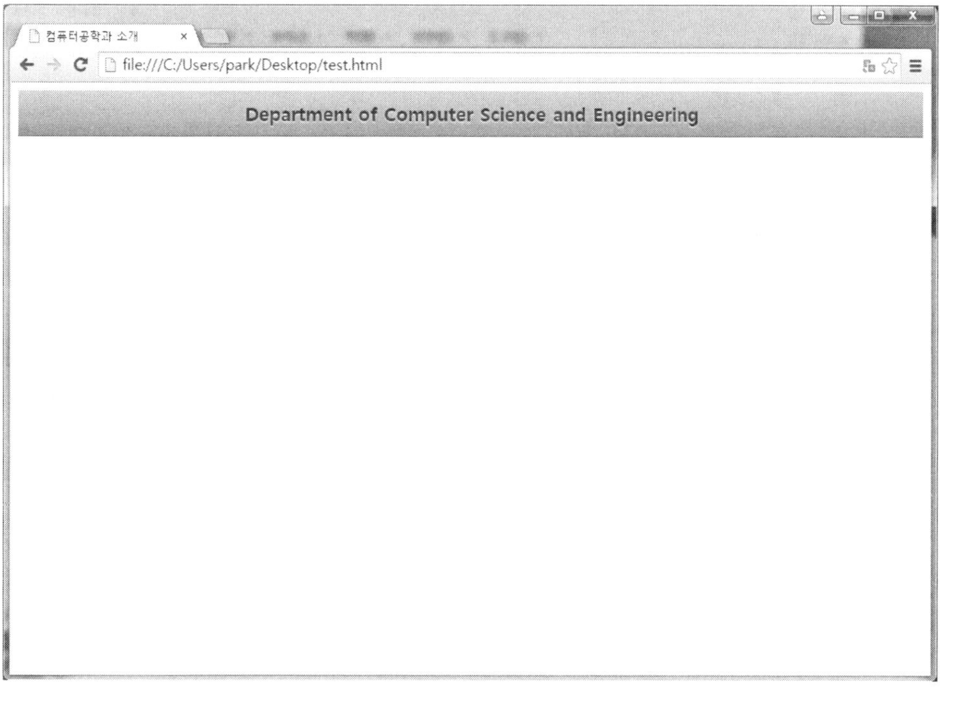

Tip. -webkit-gradient

그라디언트(gradient)란 두 개 이상의 지정된 색상을 혼합하여 부드러운 이미지 전환 효과를 주는 것으로서, 포토샵등에서 흔히 그라데이션이라고 하는 기능과 같다. 그라디언트기능은 background속성안에서 사용하며, linear (선형 gradient)와 radial(원형 gradient)가 있다. 파이어폭스 3.6이상의 브라우저에서는 -moz-linear라는 접두어를 붙이고, 사파리와 크롬과 같은 웹킷(webkit) 브라우저는 다음과 같은 규칙을 따른다.

- **형식**
  -webkit-gradient(유형, 시작위치, 종료위치, 색상시작점, 색상종료점)
- **유형**
  유형에는 linear(선형)와 radial(방사형 또는 원형) 중에서 선택할 수 있다.
- **시작위치**
  시작위치를 지정하는 방식으로는 left top, 10 20 등과 같은 공백으로 분리된 좌표값, 10% 20% 와 같은 백분율도 사용이 가능하다.
- **종료위치**
  종료위치를 지정하는 방식으로는 left bottom, 10 20 등과 같은 공백을로 분리된 좌표값, 또는 10% 20% 와 같은 백분율도 사용이 가능하다.
- **색상시작점**
  색상을 표시하는 값은 rgb(238, 238, 238) 이나, hex(#eee or #eeeeee) 또는 색상명 등 모두 사용이 가능하다.
- **색상종료점**
  색상을 표시하는 값은 위처럼 rgb(170, 170, 170) 이나 hex(#aaa or #aaaaaa) 또는 색상명 등 모두 사용이 가능하다.

[step 5] 컴퓨터공학과에 대한 소개 자료를 제공하기 위하여 아래 화면에서와 같이 표시될 수 있도록 다음과 같이 입력한다.

```
<body>
   <div id="container">
      <div id="header">
```

```
            <h1><a href="./">Department of Computer Science and Engineering</a></h1>
            <div id="nav">
              <ul>
                 <li><a href="./"> 학과 소개</a></li>
                 <li><a href="./">진출분야</a></li>
                 <li><a href="./">세부직업군</a></li>
                 <li><a href="./">관련자격증</a></li>
              </ul>
            </div>
         </div>
      </div>
  </body>
```

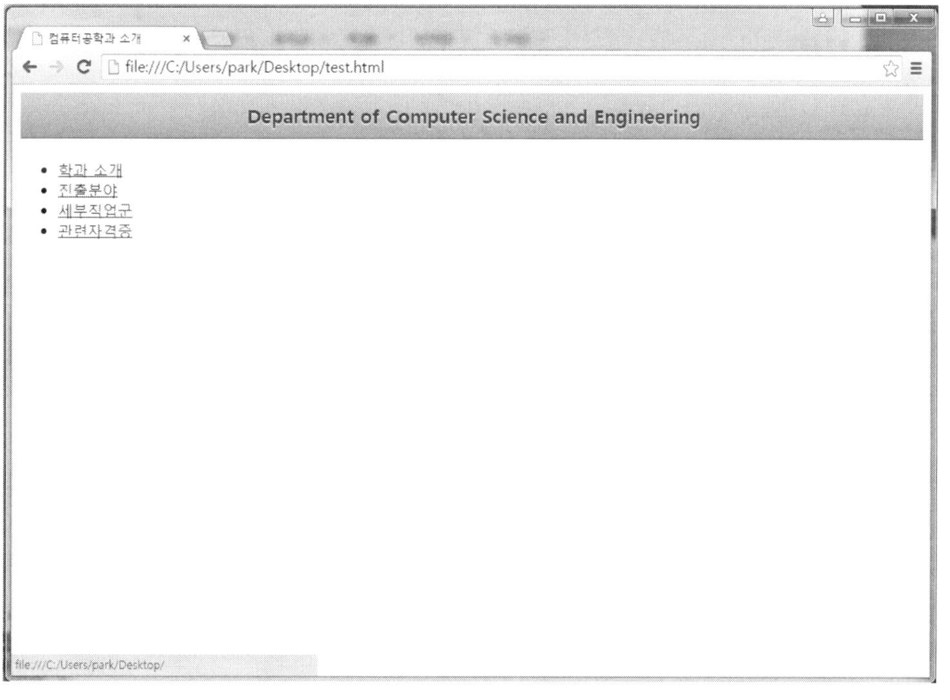

[step 6] <style>태그사이에서 body에 대해 다음과 같이 스타일을 지정하기로 한다.

```
<style type="text/css">
#header h1 a {
    background-color: #ccc;
    border-bottom: 1px solid #666;
    color: #222;
    display: block;
    font-size: 20px;
    font-weight: bold;
    padding: 10px 0;
    text-align: center;
    text-decoration: none;
}
#header h1 a {
    text-shadow: 0px 1px 1px #fff;
    background-image: -webkit-gradient(linear,left top,left bottom,from(#ccc),to(#999));
}
body {
    background-color: #ddd; /* Background color */
    color: #222;
    font-family: Helvetica;
    font-size: 14px;
    margin: 10;
    padding: 0;
}
</style>
```

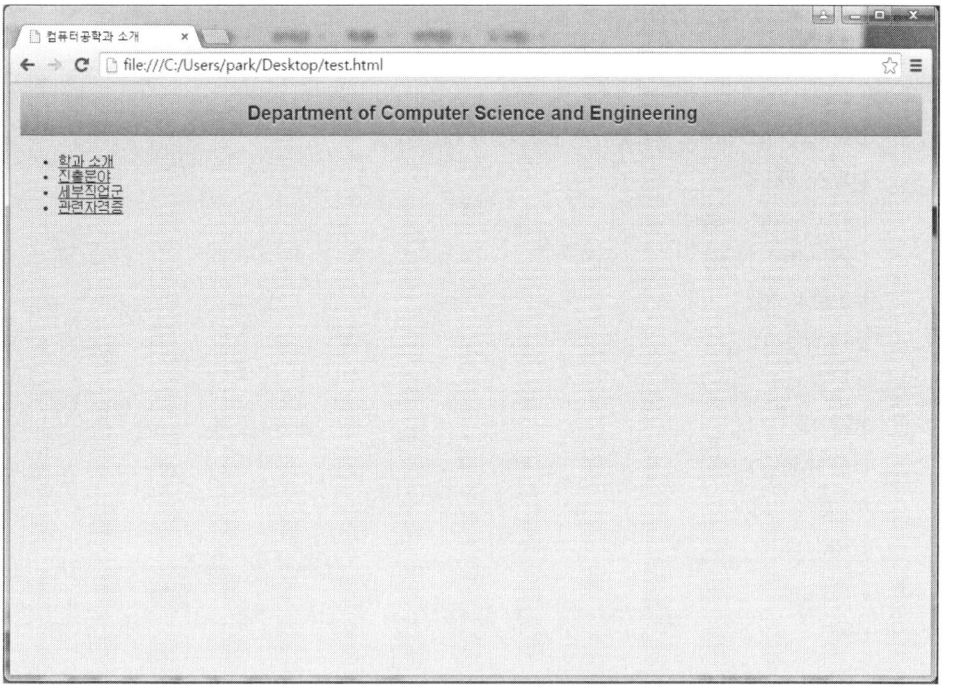

[step 7] 학과소개, 진출분야, 세부직업군, 관련자격증 등의 링크부분에 대해 Unordered List화하기 위하여 다음과 같이 입력한다.

```
<style type="text/css">
#header h1 a {
    background-color: #ccc;
    border-bottom: 1px solid #666;
    color: #222;
    display: block;
    font-size: 20px;
    font-weight: bold;
    padding: 10px 0;
    text-align: center;
    text-decoration: none;
}
#header h1 a {
    text-shadow: 0px 1px 1px #fff;
    background-image:            -webkit-gradient(linear,left            top,left
```

```
bottom,from(#ccc),to(#999));
  }
  body {
      background-color: #ddd; /* Background color */
      color: #222;
      font-family: Helvetica;
      font-size: 14px;
      margin: 10;
      padding: 0;
  }
  #header ul {
      list-style: none;
      margin: 10px;
      padding: 0;
  }
  </style>
```

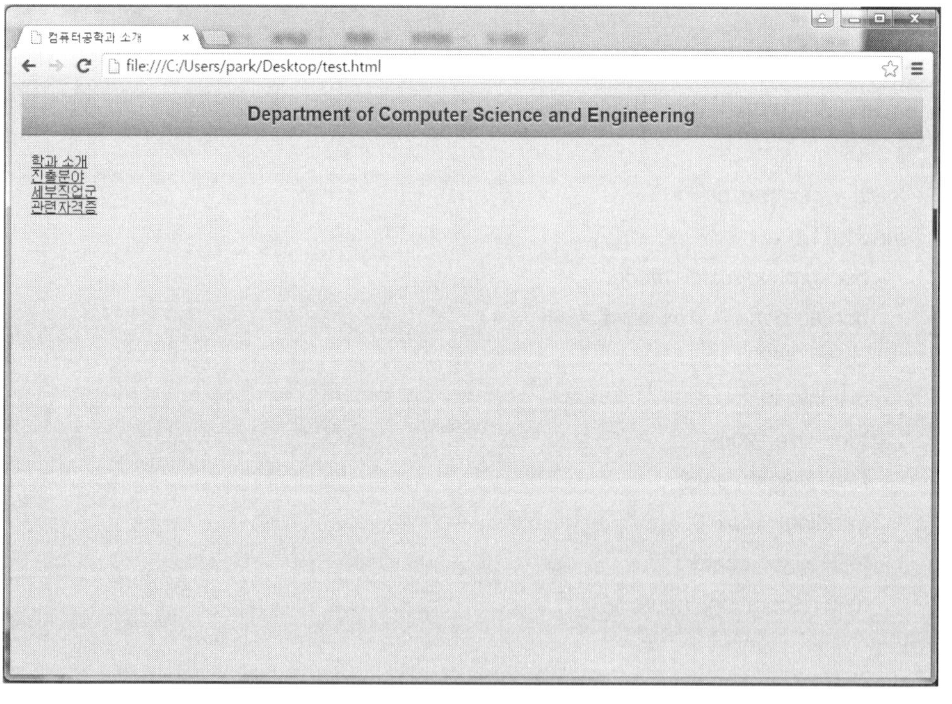

[step 8] 학과소개, 진출분야, 세부직업군, 관련자격증 등의 링크 처리를 아래 화면에서와 같이 링크처리하기 위하여 다음과 같이 입력한다.

```
<style type="text/css">
#header h1 a {
    background-color: #ccc;
    border-bottom: 1px solid #666;
    color: #222;
    display: block;
    font-size: 20px;
    font-weight: bold;
    padding: 10px 0;
    text-align: center;
    text-decoration: none;
}
#header h1 a {
    text-shadow: 0px 1px 1px #fff;
    background-image:            -webkit-gradient(linear,left            top,left
bottom,from(#ccc),to(#999));
}
body {
    background-color: #ddd; /* Background color */
    color: #222;
    font-family: Helvetica;
    font-size: 14px;
    margin: 10;
    padding: 0;
}
#header ul {
    list-style: none;
    margin: 10px;
    padding: 0;
}
#header ul li a {
```

```
        background-color: #FFFFFF;
        border: 1px solid #999999;
        color: #222222;
        display: block;
        font-size: 17px;
        font-weight: bold;
        margin-bottom: -1px;
        padding: 12px 10px;
        text-decoration: none;
    }
</style>
```

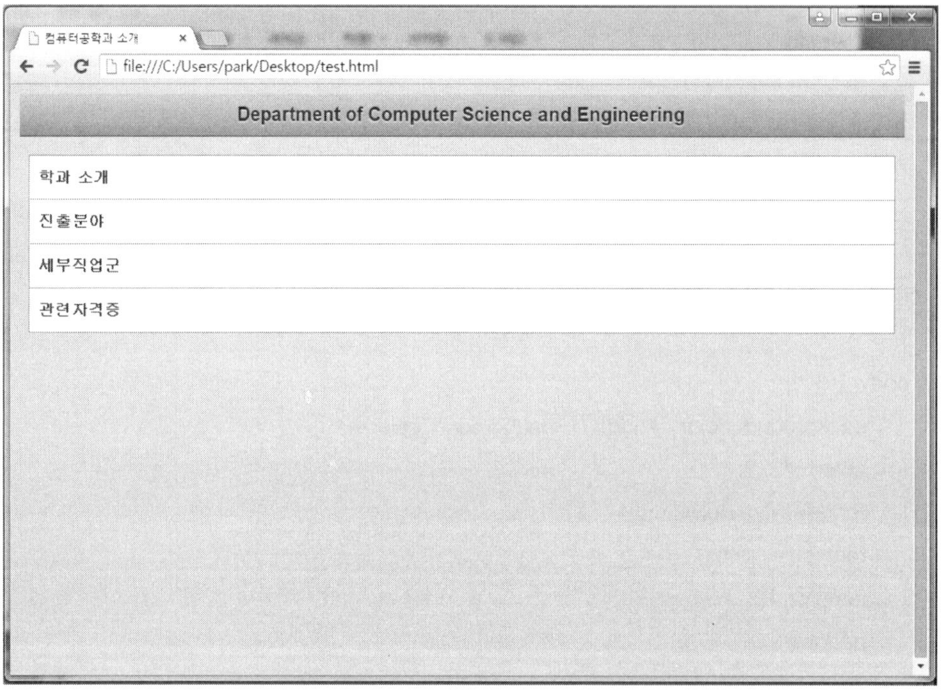

[step 9] 아래화면에서와 홈페이지 메뉴부분의 왼쪽 상단 윗끝 부분과 오른쪽 상단 윗끝부분을 둥글게 처리하기 위하여 다음과 같이 입력하도록 한다.

```
<style type="text/css">
#header h1 a {
    background-color: #ccc;
    border-bottom: 1px solid #666;
    color: #222;
    display: block;
    font-size: 20px;
    font-weight: bold;
    padding: 10px 0;
    text-align: center;
    text-decoration: none;
}
#header h1 a {
    text-shadow: 0px 1px 1px #fff;
    background-image:                -webkit-gradient(linear,left                top,left
bottom,from(#ccc),to(#999));
}
body {
    background-color: #ddd; /* Background color */
    color: #222;
    font-family: Helvetica;
    font-size: 14px;
    margin: 10;
    padding: 0;
}
#header ul {
    list-style: none;
    margin: 10px;
    padding: 0;
}
#header ul li a {
```

```
    background-color: #FFFFFF;
    border: 1px solid #999999;
    color: #222222;
    display: block;
    font-size: 17px;
    font-weight: bold;
    margin-bottom: -1px;
    padding: 12px 10px;
    text-decoration: none;
}
#header ul li:first-child a {
    -webkit-border-top-left-radius: 8px;
    -webkit-border-top-right-radius: 8px;
}
</style>
```

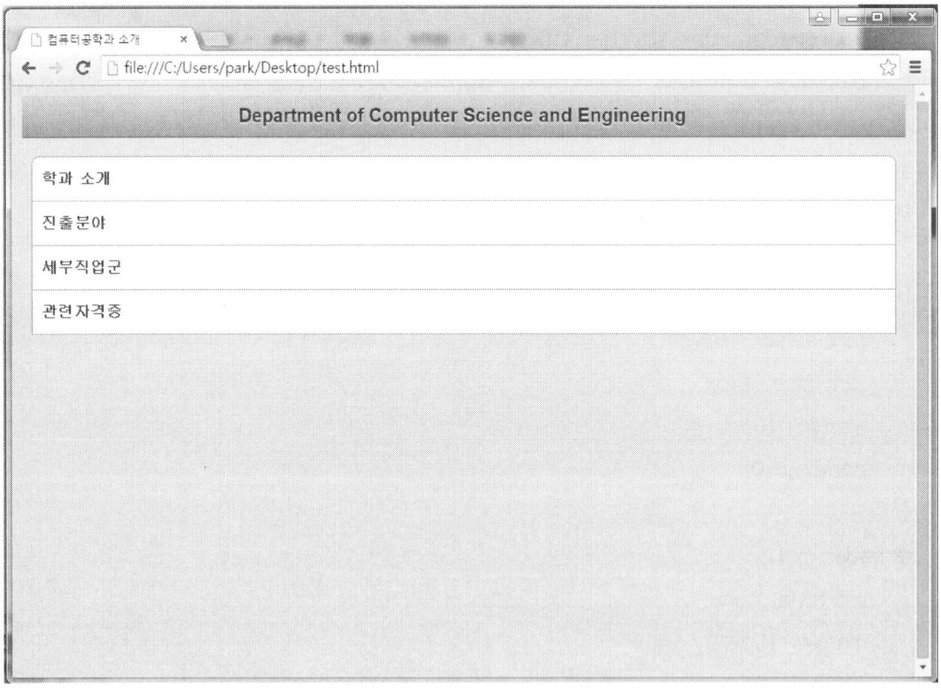

[step 10] 아래화면에서와 홈페이지 메뉴부분의 왼쪽 하단 끝부분과 오른쪽 하단 끝부분을 둥글게 처리하기 위하여 다음과 같이 입력한다.

```
<style type="text/css">
#header h1 a {
    background-color: #ccc;
    border-bottom: 1px solid #666;
    color: #222;
    display: block;
    font-size: 20px;
    font-weight: bold;
    padding: 10px 0;
    text-align: center;
    text-decoration: none;
}
#header h1 a {
    text-shadow: 0px 1px 1px #fff;
    background-image:            -webkit-gradient(linear,left            top,left
bottom,from(#ccc),to(#999));
}
body {
    background-color: #ddd; /* Background color */
    color: #222;
    font-family: Helvetica;
    font-size: 14px;
    margin: 10;
    padding: 0;
}
#header ul {
    list-style: none;
    margin: 10px;
    padding: 0;
}
#header ul li a {
    background-color: #FFFFFF;
```

```
        border: 1px solid #999999;
        color: #222222;
        display: block;
        font-size: 17px;
        font-weight: bold;
        margin-bottom: -1px;
        padding: 12px 10px;
        text-decoration: none;
    }
    #header ul li:first-child a {
        -webkit-border-top-left-radius: 8px;
        -webkit-border-top-right-radius: 8px;
    }
    #header ul li:last-child a {
        -webkit-border-bottom-left-radius: 8px;
        -webkit-border-bottom-right-radius: 8px;
    }
    </style>
```

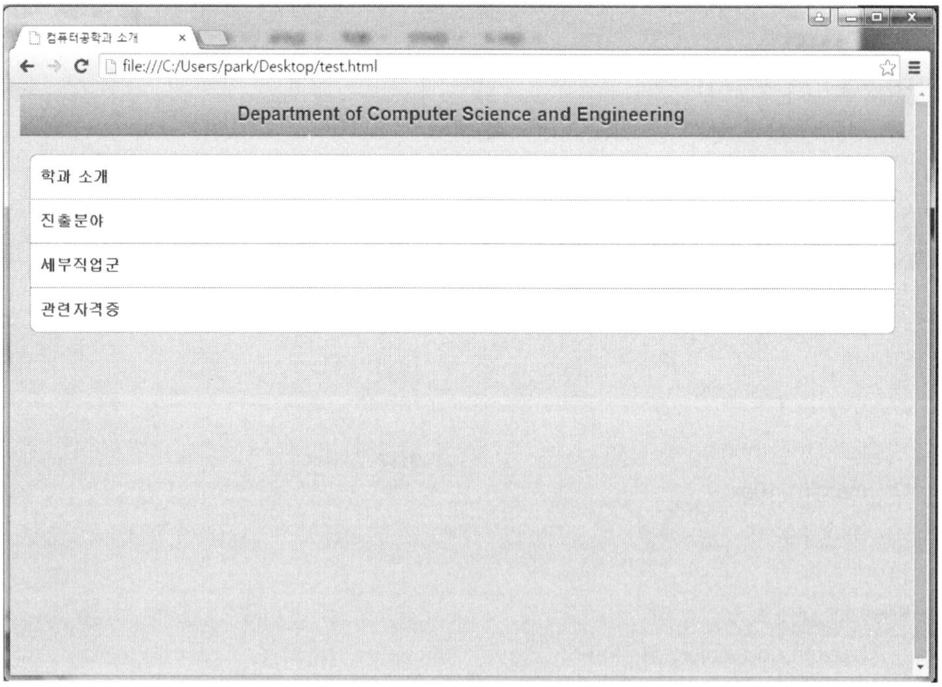

제 3 절 하이브리드형 소개 홈페이지 완성하기

제2절에 나타낸 html문법으로 작성된 파일을 CSS를 적용하여 아래와 같은 학과 홈페이지를 만들어 보기로 한다.

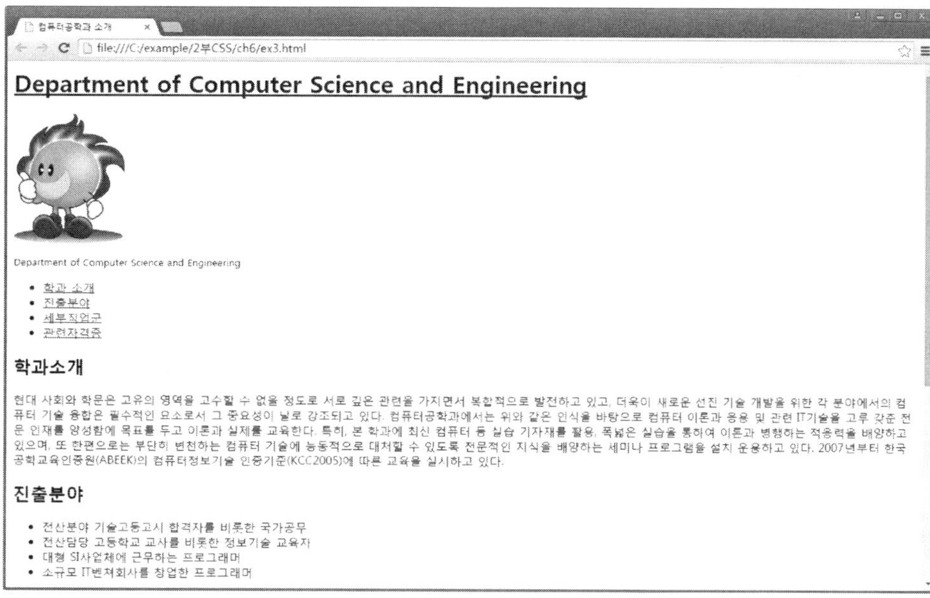

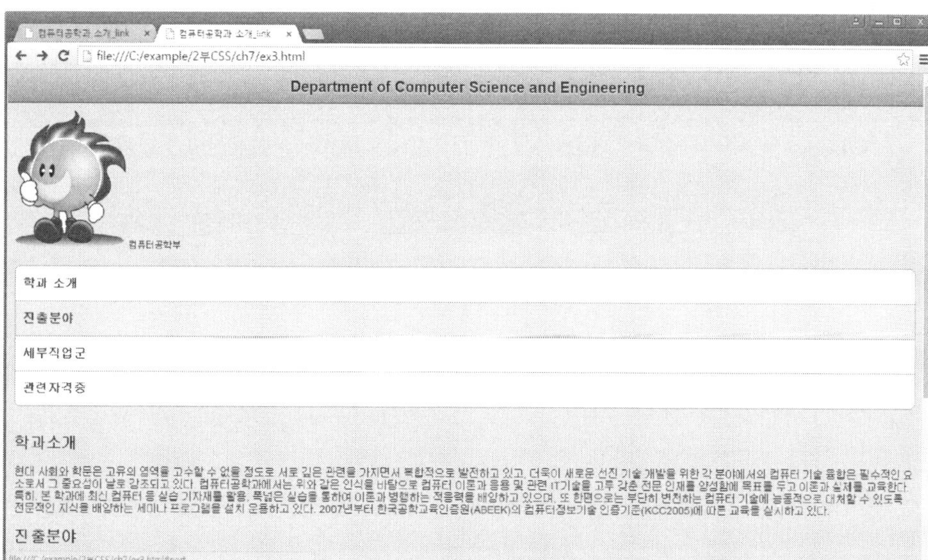

[step 1] Windows의 [시작]버튼을 선택하여 '메모장'을 연다. 그리고, 메모장에서 다음과 같이 입력한다.

```
<!doctype html>
<html>
 <head>
  <meta charset="UTF-8">
   <title>컴퓨터공학과 소개_link</title>
 </head>
<body>
</body>
</html>
```

[step 2] 우선 홈페이지의 제목을 삽입하기 위하여 홈페이지에 영역을 다음과 같이 설정한다.

```
    <body>
        <div id="container">
            <div id="header">
                <h1><a href="./">Department of Computer Science and Engineering</a></h1>
        </div>
            </div>
    </body>
```

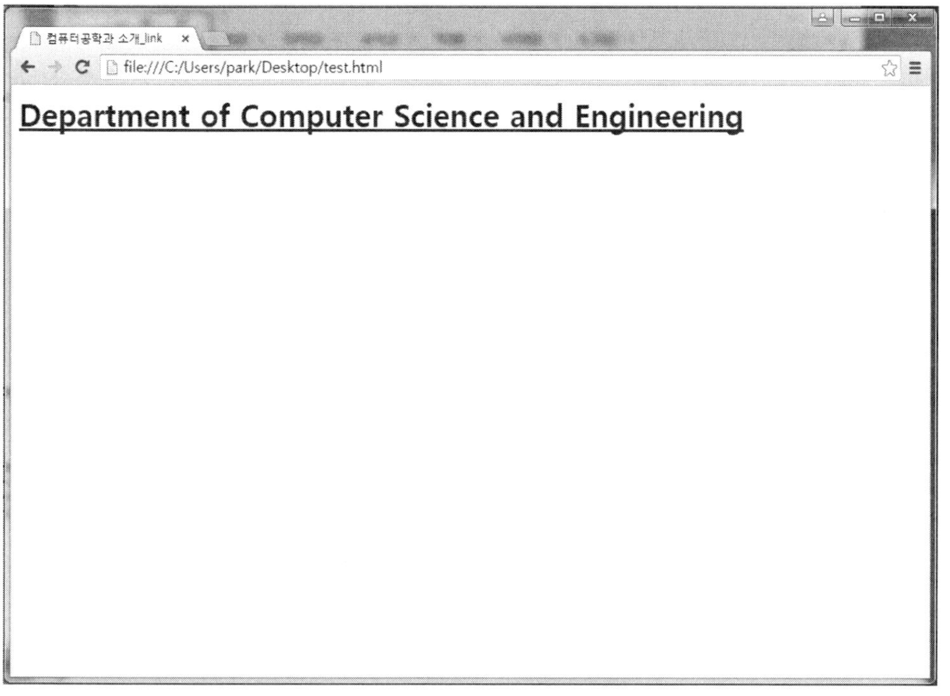

[step 3] 로고를 삽입하기 위하여, 다음과 같이 입력하여 또 하나의 영역을 설정하도록 한다.

```
<body>
    <div id="container">
        <div id="header">
            <h1><a href="./">Department of Computer Science and Engineering</a></h1>
        </div>
        <div id="sidebar">
            <img alt="sunmoon" src="sm.png">
            <small>컴퓨터공학부</small>
        </div>
    </div>
</body>
```

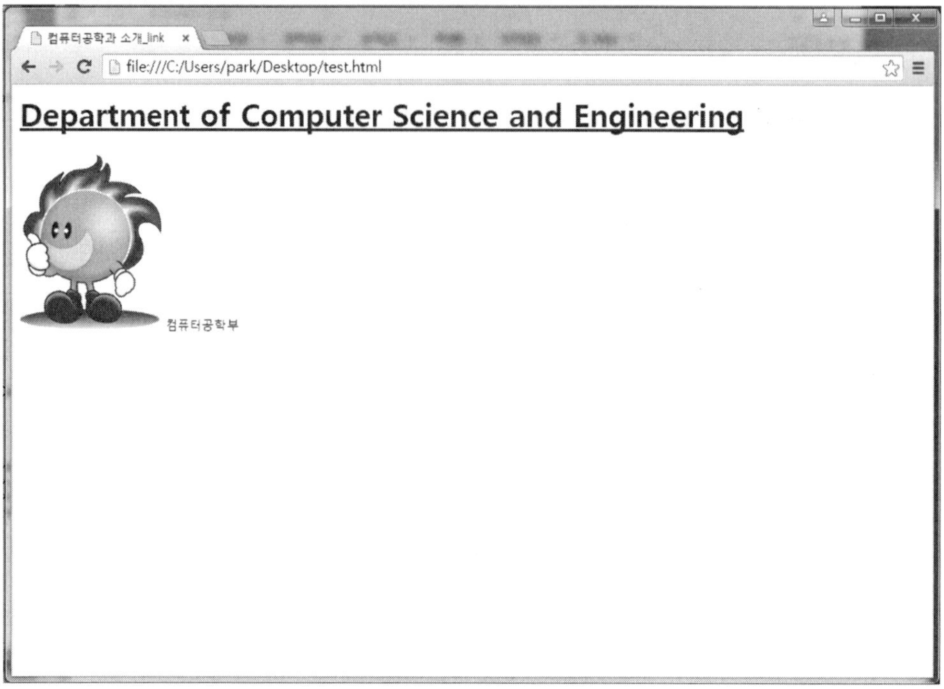

[step 4] 학과를 소개하는 메뉴를 삽입하기 위하여, 다음과 같이 입력하여 또 하나의 영역을 설정하도록 한다.

```
<body>
    <div id="container">
        <div id="header">
            <h1><a href="./">Department of Computer Science and Engineering</a></h1>
        </div>
        <div id="sidebar">
            <img alt="sunmoon" src="sm.png">
            <small>컴퓨터공학부</small>
        </div>
        <div id="nav">
                <ul>
                    <li><a href="#info"> 학과 소개</a></li>
                    <li><a href="#part">진출분야</a></li>
```

```
                    <li><a href="#jab">세부직업군</a></li>
                    <li><a href="#license">관련자격증</a></li>
                </ul>
            </div>
        </div>
    </div>
</body>
```

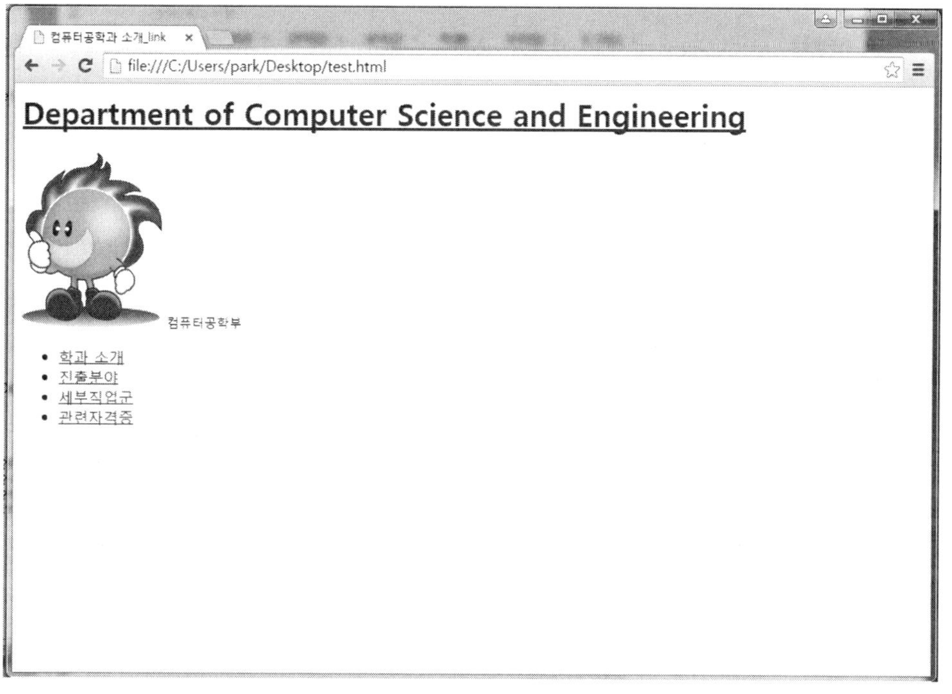

[step 5] 학과 소개자료등을 표시하기 위하여 다음과 같이 입력하도록 한다.

```
<body>
    <div id="container">
        <div id="header">
            <h1><a href="./">Department of Computer Science and Engineering</a></h1>
        </div>
        <div id="sidebar">
            <img alt="sunmoon" src="sm.png">
```

```
        <small>컴퓨터공학부</small>
    </div>
    <div id="nav">
            <ul>
                <li><a href="#info"> 학과 소개</a></li>
                <li><a href="#part">진출분야</a></li>
                <li><a href="#jab">세부직업군</a></li>
                <li><a href="#license">관련자격증</a></li>
            </ul>
        </div>
    </div>
    <div id="content">
                  <a name="info">
        <h2>학과소개</h2> </a>
        <p>
                            현대 사회와 학문은 고유의 영역을 고수할 수 없을
정도로 서로 깊은 관련을 가지면서 복합적으로 발전하고 있고, 더욱이 새로운 선진 기술 개발
을 위한 각 분야에서의 컴퓨터 기술 융합은 필수적인 요소로서 그 중요성이 날로 강조되고 있
다. 컴퓨터공학과에서는 위와 같은 인식을 바탕으로 컴퓨터 이론과 응용 및 관련 IT기술을 고
루 갖춘 전문 인재를 양성함에 목표를 두고 이론과 실제를 교육한다. 특히, 본 학과에 최신 컴
퓨터 등 실습 기자재를 활용, 폭넓은 실습을 통하여 이론과 병행하는 적응력을 배양하고 있으
며, 또 한편으로는 부단히 변천하는 컴퓨터 기술에 능동적으로 대처할 수 있도록 전문적인 지
식을 배양하는 세미나 프로그램을 설치 운용하고 있다.
        2007년부터    한국공학교육인증원(ABEEK)의    컴퓨터정보기술    인증기준
(KCC2005)에 따른 교육을 실시하고 있다.
    </p>
                  <a name="part">
                    <h2>진출분야</h2></a>
     <UL>
          <li> 전산분야 기술고등고시 합격자를 비롯한 국가공무</li>
                   <li> 전산담당 고등학교 교사를 비롯한 정보기술 교육자</li>
                   <li> 대형 SI사업체에 근무하는 프로그래머</li>
      <li>  소규모 IT벤쳐회사를 창업한 프로그래머</li>
                    </UL>
                  <a name="jab">
      <h2> 세부직업군 </h2>  </a>
```

```
                    <Ul>
        <li>  고급 프로그래머 및 시스템분석가</li>
                    <li>  시스템관리자</li>
                    <li>    정보기술 컨설턴트</li>
                    <li>    그래픽 디자이너</li>
                    <li>    정보기술 교육자</li>
                    <li>    정보화담당 공무원</li>
                    <li>    대학교수</li>
                    <li>    일반직 사무원 등 IT분야 전반</li>
        </UL>
                  <a name="license">
        <h2> 관련자격증</h2></a>
                            <UL>
          <li> 정보처리기사, 시스코 국제공인자격, 마이크로소프트 국제공인자격,
썬 국제공인자격, 컴퓨터보안전문가 등</li>
                            </UL>
  </OL>
        </div>
    </body>
```

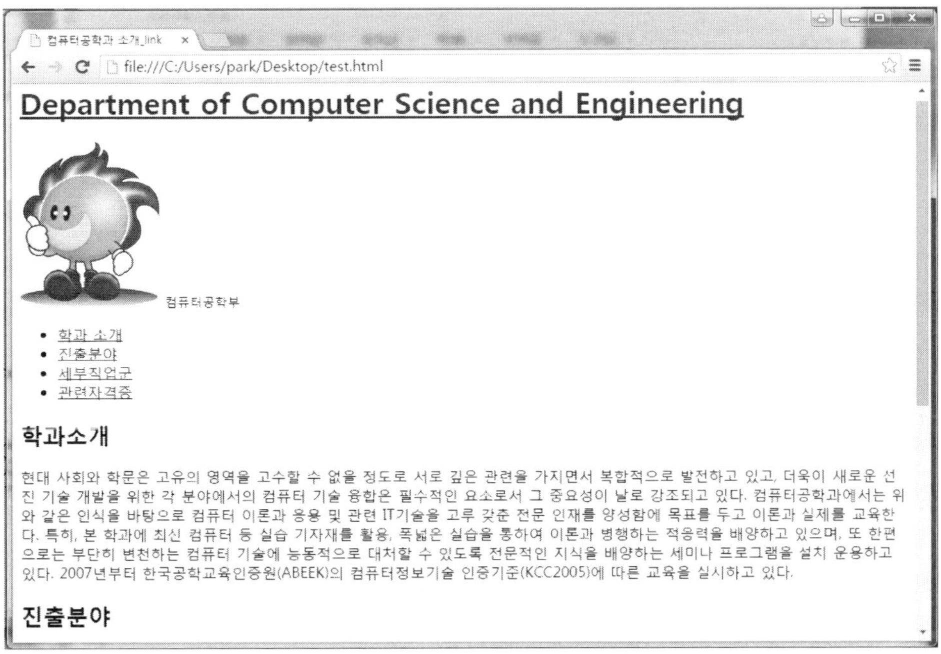

[step 6] 홈페이지의 하단에 Copyright를 표시하기 위하여 또 하나의 영역을 설정하도록 한다.

```
<body>
    <div id="container">
        <div id="header">
            <h1><a href="./">Department of Computer Science and Engineering</a></h1>
        </div>
        <div id="sidebar">
            <img alt="sunmoon" src="sm.png">
            <small>컴퓨터공학부</small>
        </div>
        <div id="nav">
                <ul>
                    <li><a href="#info"> 학과 소개</a></li>
                    <li><a href="#part">진출분야</a></li>
                    <li><a href="#jab">세부직업군</a></li>
                    <li><a href="#license">관련자격증</a></li>
                </ul>
            </div>
        </div>
        <div id="content">
                    <a name="info">
            <h2>학과소개</h2> </a>
            <p>
                                현대 사회와 학문은 고유의 영역을 고수할 수 없을 정도로 서로 깊은 관련을 가지면서 복합적으로 발전하고 있고, 더욱이 새로운 선진 기술 개발을 위한 각 분야에서의 컴퓨터 기술 융합은 필수적인 요소로서 그 중요성이 날로 강조되고 있다. 컴퓨터공학과에서는 위와 같은 인식을 바탕으로 컴퓨터 이론과 응용 및 관련 IT기술을 고루 갖춘 전문 인재를 양성함에 목표를 두고 이론과 실제를 교육한다. 특히, 본 학과에 최신 컴퓨터 등 실습 기자재를 활용, 폭넓은 실습을 통하여 이론과 병행하는 적응력을 배양하고 있으며, 또 한편으로는 부단히 변천하는 컴퓨터 기술에 능동적으로 대처할 수 있도록 전문적인 지식을 배양하는 세미나 프로그램을 설치 운용하고 있다.
```

```
            2007년부터    한국공학교육인증원(ABEEK)의    컴퓨터정보기술    인증기준
(KCC2005)에 따른 교육을 실시하고 있다.
            </p>
                        <a name="part">
                          <h2>진출분야</h2></a>
             <UL>
                  <li> 전산분야 기술고등고시 합격자를 비롯한 국가공무</li>
                              <li> 전산담당 고등학교 교사를 비롯한 정보기술 교육자</li>
                              <li> 대형 SI사업체에 근무하는 프로그래머</li>
              <li>  소규모 IT벤쳐회사를 창업한 프로그래머</li>
                          </UL>
                        <a name="jab">
              <h2> 세부직업군 </h2>  </a>
                          <Ul>
              <li>  고급 프로그래머 및 시스템분석가</li>
                          <li>  시스템관리자</li>
                          <li>     정보기술 컨설턴트</li>
                          <li>     그래픽 디자이너</li>
                          <li>     정보기술 교육자</li>
                          <li>     정보화담당 공무원</li>
                          <li>     대학교수</li>
                          <li>     일반직 사무원 등 IT분야 전반</li>
              </UL>

                        <a name="license">
             <h2> 관련자격증</h2></a>
                                    <UL>
                <li> 정보처리기사, 시스코 국제공인자격, 마이크로소프트 국제공인자격,
썬 국제공인자격, 컴퓨터보안전문가 등</li>
                                    </UL>

   </OL>
            <div id="footer">
                <p class="subtle">Copyright</p>
```

```
            </div>
        </div>
    </body>
```

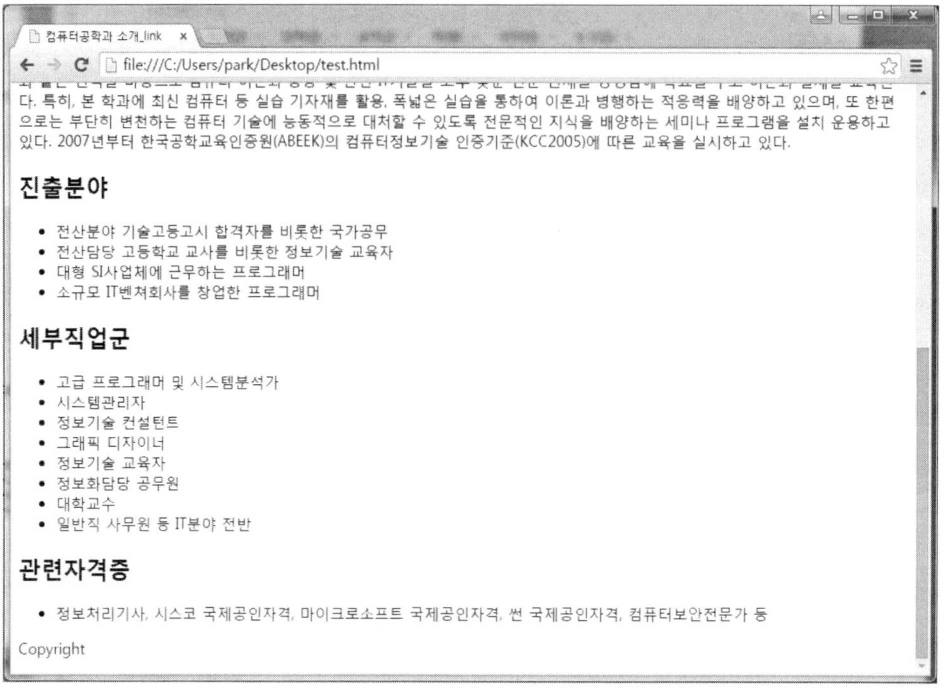

[step 7] 아래화면에서와 같이 표시하기 위하여, 스타일 설정을 2절과 동일하게 설정하도록 한다.

```
<style type="text/css">
#header h1 a {
    background-color: #ccc;
    border-bottom: 1px solid #666;
    color: #222;
    display: block;
    font-size: 20px;
    font-weight: bold;
    padding: 10px 0;
```

```
        text-align: center;
        text-decoration: none;
    }
    #header ul {
        list-style: none;
        margin: 10px;
        padding: 0;
    }
    #header ul li a {
        background-color: #FFFFFF;
        border: 1px solid #999999;
        color: #222222;
        display: block;
        font-size: 17px;
        font-weight: bold;
        margin-bottom: -1px;
        padding: 12px 10px;
        text-decoration: none;
    }
    #header h1 a {
        text-shadow: 0px 1px 1px #fff;
        background-image:                -webkit-gradient(linear,left                top,left
bottom,from(#ccc),to(#999));
    }
    #header ul li:first-child a {
        -webkit-border-top-left-radius: 8px;
        -webkit-border-top-right-radius: 8px;
    }
    #header ul li:last-child a {
        -webkit-border-bottom-left-radius: 8px;
        -webkit-border-bottom-right-radius: 8px;
}
</style>
```

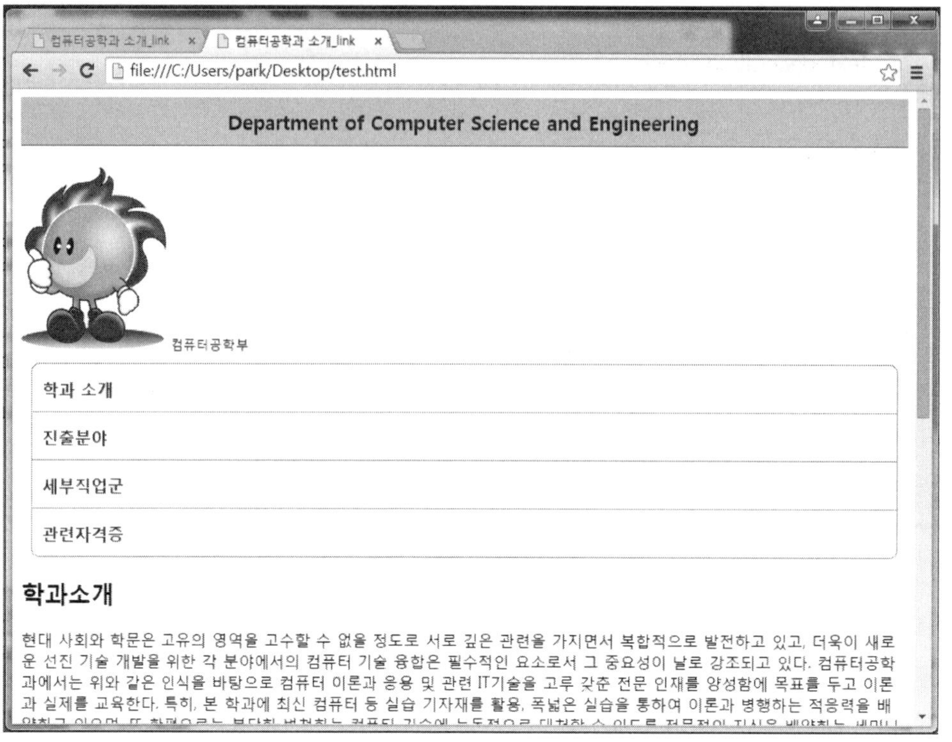

[step 8] 다음은 body태그와 h1태그에 대해서도 동시 스타일을 설정하면 아래 화면에서와 같이 화면에서 출력되는 것을 확인할 수 있다.

```
<style type="text/css">
#header h1 a {
    background-color: #ccc;
    border-bottom: 1px solid #666;
    color: #222;
    display: block;
    font-size: 20px;
    font-weight: bold;
    padding: 10px 0;
    text-align: center;
    text-decoration: none;
}
#header ul {
```

```
        list-style: none;
        margin: 10px;
        padding: 0;
    }
    #header ul li a {
        background-color: #FFFFFF;
        border: 1px solid #999999;
        color: #222222;
        display: block;
        font-size: 17px;
        font-weight: bold;
        margin-bottom: -1px;
        padding: 12px 10px;
        text-decoration: none;
    }
    #header h1 a {
        text-shadow: 0px 1px 1px #fff;
        background-image:              -webkit-gradient(linear,left              top,left
bottom,from(#ccc),to(#999));
    }
    #header ul li:first-child a {
        -webkit-border-top-left-radius: 8px;
        -webkit-border-top-right-radius: 8px;
    }
    #header ul li:last-child a {
        -webkit-border-bottom-left-radius: 8px;
        -webkit-border-bottom-right-radius: 8px;
    }
    body {
        background-color: #ddd;
        color: #222;
        font-family: Helvetica;
        font-size: 14px;
        margin: 0;
```

```
        padding: 0;
    }
    #header h1 {
        margin: 0;
        padding: 0;
    }
    </style>
```

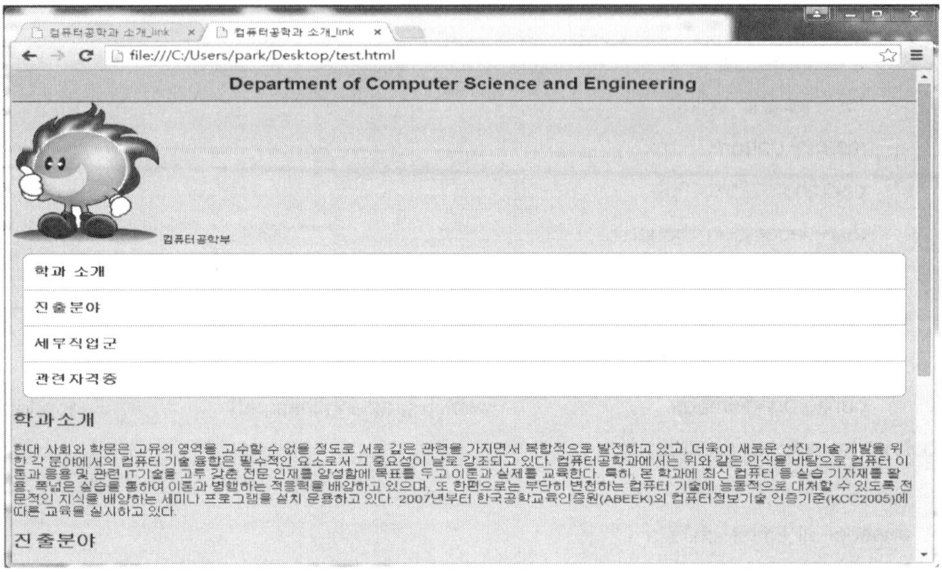

[step 9] 다음은 content와 #sidebar에 대해 스타일을 설정하도록 한다.

```
    <style type="text/css">
    #header h1 a {
        background-color: #ccc;
        border-bottom: 1px solid #666;
        color: #222;
        display: block;
        font-size: 20px;
        font-weight: bold;
        padding: 10px 0;
```

```
        text-align: center;
        text-decoration: none;
    }
    #header ul {
        list-style: none;
        margin: 10px;
        padding: 0;
    }
    #header ul li a {
        background-color: #FFFFFF;
        border: 1px solid #999999;
        color: #222222;
        display: block;
        font-size: 17px;
        font-weight: bold;
        margin-bottom: -1px;
        padding: 12px 10px;
        text-decoration: none;
    }
    #header h1 a {
        text-shadow: 0px 1px 1px #fff;
        background-image:                    -webkit-gradient(linear,left                    top,left
bottom,from(#ccc),to(#999));
    }
    #header ul li:first-child a {
        -webkit-border-top-left-radius: 8px;
        -webkit-border-top-right-radius: 8px;
    }
    #header ul li:last-child a {
        -webkit-border-bottom-left-radius: 8px;
        -webkit-border-bottom-right-radius: 8px;
    }
    body {
        background-color: #ddd;
```

```
    color: #222;
    font-family: Helvetica;
    font-size: 14px;
    margin: 0;
    padding: 0;
}
#header h1 {
    margin: 0;
    padding: 0;
}
#content,#sidebar {
    padding: 10px;
}
</style>
```

[step 10] 다음은 아래 화면에서와 같이 Copyright가 표시되지 않도록 footer에 대해 스타일을 설정하도록 한다.

```
<style type="text/css">
#header h1 a {
    background-color: #ccc;
    border-bottom: 1px solid #666;
    color: #222;
    display: block;
    font-size: 20px;
    font-weight: bold;
    padding: 10px 0;
    text-align: center;
    text-decoration: none;
}
#header ul {
    list-style: none;
    margin: 10px;
```

```
        padding: 0;
    }
    #header ul li a {
        background-color: #FFFFFF;
        border: 1px solid #999999;
        color: #222222;
        display: block;
        font-size: 17px;
        font-weight: bold;
        margin-bottom: -1px;
        padding: 12px 10px;
        text-decoration: none;
    }
    #header h1 a {
        text-shadow: 0px 1px 1px #fff;
        background-image:           -webkit-gradient(linear,left           top,left
bottom,from(#ccc),to(#999));
    }
    #header ul li:first-child a {
        -webkit-border-top-left-radius: 8px;
        -webkit-border-top-right-radius: 8px;
    }
    #header ul li:last-child a {
        -webkit-border-bottom-left-radius: 8px;
        -webkit-border-bottom-right-radius: 8px;
    }
    body {
        background-color: #ddd;
        color: #222;
        font-family: Helvetica;
        font-size: 14px;
        margin: 0;
        padding: 0;
    }
```

```
#header h1 {
    margin: 0;
    padding: 0;
}
#content,#sidebar {
    padding: 10px;
}
#footer {
    display: none;
}
</style>
```

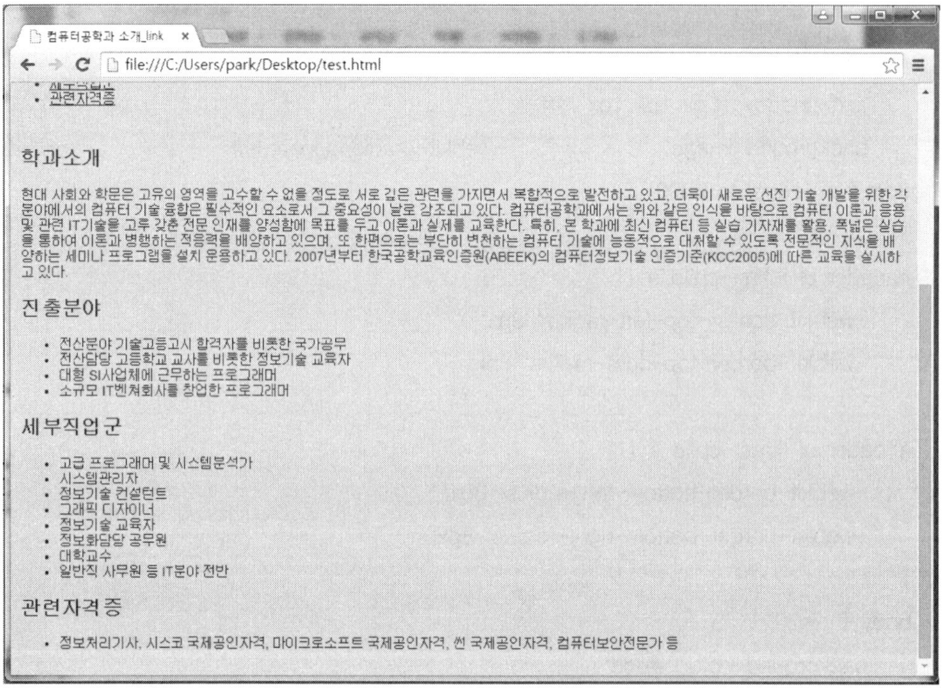

[step 11] 마지막으로 마우스를 학과소개등의 부분으로 이동했을 때, 제2절에서와 같이 배경색과 마우스 모양이 변경될 수 있도록 스타일을 지정하기 위하여 다음과 같이 입력하도록 한다.

```
<style type="text/css">
#header h1 a {
    background-color: #ccc;
    border-bottom: 1px solid #666;
    color: #222;
    display: block;
    font-size: 20px;
    font-weight: bold;
    padding: 10px 0;
    text-align: center;
    text-decoration: none;
}
#header ul {
    list-style: none;
    margin: 10px;
    padding: 0;
}
#header ul li a {
    background-color: #FFFFFF;
    border: 1px solid #999999;
    color: #222222;
    display: block;
    font-size: 17px;
    font-weight: bold;
    margin-bottom: -1px;
    padding: 12px 10px;
    text-decoration: none;
}
#header h1 a {
```

```
        text-shadow: 0px 1px 1px #fff;
        background-image: -webkit-gradient(linear,left top,left
bottom,from(#ccc),to(#999));
    }
    #header ul li:first-child a {
        -webkit-border-top-left-radius: 8px;
        -webkit-border-top-right-radius: 8px;
    }
    #header ul li:last-child a {
        -webkit-border-bottom-left-radius: 8px;
        -webkit-border-bottom-right-radius: 8px;
    }
    body {
        background-color: #ddd;
        color: #222;
        font-family: Helvetica;
        font-size: 14px;
        margin: 0;
        padding: 0;
    }
    #header h1 {
        margin: 0;
        padding: 0;
    }
    #content,#sidebar {
        padding: 10px;
    }
    #footer {
        display: none;
    }
    #header ul li a:hover { background-color: yellow ; cursor: pointer; }
    </style>
```

웹프로그래밍

박정호 · 안혜선

제 3 부 자바스크립트

Web Programming

제 8장

자바스크립트를 이용한 홈페이지 작성하기

· 학습 목표

이 장에서는 스크립트언어에 대한 이해와 함께, 자바스크립트의 기본 구조와 자바스크립트문서를 만드는 방법을 포함하여 자바스크립트의 기초적인 내용에 대해 학습을 하도록 한다

· 학습 내용

- 스크립트언어, 자바스크립트의 기본 구조, 자바스크립트문서 작성방법

제 1 절 간단한 자바스크립트 만들기

자바스크립트에 대해 다음과 같은 간단한 예제를 만들어 보기로 한다.

[step 1] Windows의 [시작]버튼을 선택하여 '메모장'을 연다. 그리고, 메모장에서 다음과 같이 입력한다.

```
<!doctype html>
<html>
 <head>
  <meta charset="UTF-8">
   <title>자바스크립트 기초</title>
 </head>
</html>
```

[step 2] 웹문서를 완성하기 위하여 다음과 같이 입력하면, 아래 화면과 같이 나타나는 것을 알 수 있다.

```
<!DOCTYPE html>
<html>
<head>
<meta charset="euc-kr">
<title>자바스크립트 기초</title>
<script language="javascript">
   document.write("자바스크립트 기본구조");
</script>
</head>
</html>
```

Tip. 자바스크립트(JavaScript) 언어

스크립트(Script) 언어란 빠른 성능이 필요하지 않는 웹어플리케이션 개발에 사용되는 언어로서, ASP 또는 JSP 등의 서버 사이드 스크립트 언어와, VBScript 또는 JavaScript 등의 클라이언트 사이드 스크립트 언어가 있다.

그리고, 스크립트언어는 컴파일없이 내장된 번역기(익스플로러 등)에 의해 번역과정을 거치기 때문에 다소 느린 반면, 컴파일언어는 컴파일 작업을 거치기 때문에 컴파일 시간이 소요되는 반면, 실행속도가 빠르다는 장점이 있다.

자바스크립트언어는 전세계에서 가장 있기 있는 웹개발자를 위한 강력한 언어로서, Sun Microsystem사와 Netscape사가 공동을 제작하여 보급한 언어이다. 자바스크립트를 사용함으로써 사용자에게 동적 웹페이지를 제공해 줄 수 있으며, 기본적으로 HTML내에 직접 사용할 수도 있다.

특히, 자바언어와 자바스크립트언어를 혼동할 수 있는데, 자바는 컴파일언어로서 C++과 유사한 문법을 가지고 있으며, 별도의 파일(소스코드의 확장자 .java)를 작성해야 하는데 비해, 자바스크립트는 스크립트언어로서 클라이언트측에서 직접 해석되고 실행되는 등 차이점이 있다.

자바스크립트의 단점으로는 HTML안에 소스를 삽입하기 때문에 웹브라우저 메뉴의 소스메뉴를 통해 쉽게 코드내용을 확인할 수 있어 보안에 취약하고, 브라우저의 기능과 밀접한 관계가 있기 때문에 자바스크립트 자체에서 제공하는 메소드는 브라우저에 제한적이어서 제공하는 메소드가 부족하다는 단점이 있다.

Tip. document.write() 메소드

document.write() 메소드는 자바스크립트의 출력문으로서 괄호 안에 출력할 내용을 입력한다.

· **사용예**

- document.write("한국대학교")
  문자를 출력하고자 할 경우, 이중인용부호 안에 출력할 문자를 입력한다.
- document.write(1004)
  숫자를 출력하고자 할 경우, 이중인용부호를 이용하지 않고 숫자를 입력한다.
- document.write(10+20)
  10과 20에 대해 덧셈을 한 결과값 30을 출력한다.
- document.write("한국"+"대학교")
  이중인용부호 안에 있는 문자를 연결하여 한국대학교라는 단어를 출력한다.

Tip. 자바스크립트 작성방법

자바스크립트를 작성하는 방법으로는 3가지 방법이 있는데, 외부파일을 만들어두었다가 파일을 로드하는 방법, <script>태그사이에 기술하는 방법, 그리고 HTML의 태그에 직접 기술하는 방법이 있다.

· 외부 파일 로드방법

```
<script type="text/javascript" src="http://study.deving.net/javascript/src/helloworld.js"></script>
```

· <script>태그내에 기술하는 방법

<SCRIPT> 태그와 </SCRIPT> 태그 사이에 기술하며, <SCRIPT> 태그의 LANGUAGE 속성의 값으로 'JavaScript'를 입력한다.

```
<script type="text/javascript">
  alert("Hello world");
</script>
```

· HTML의 태그에 직접 기술하는 방법

```
<input type="button" onclick="alert('hello world')" value="Hello world" />
```

제 2 절 블루문 홈페이지 작성하기

이 절에서는 다음과 같은 블루문 홈페이지를 작성하기로 한다.

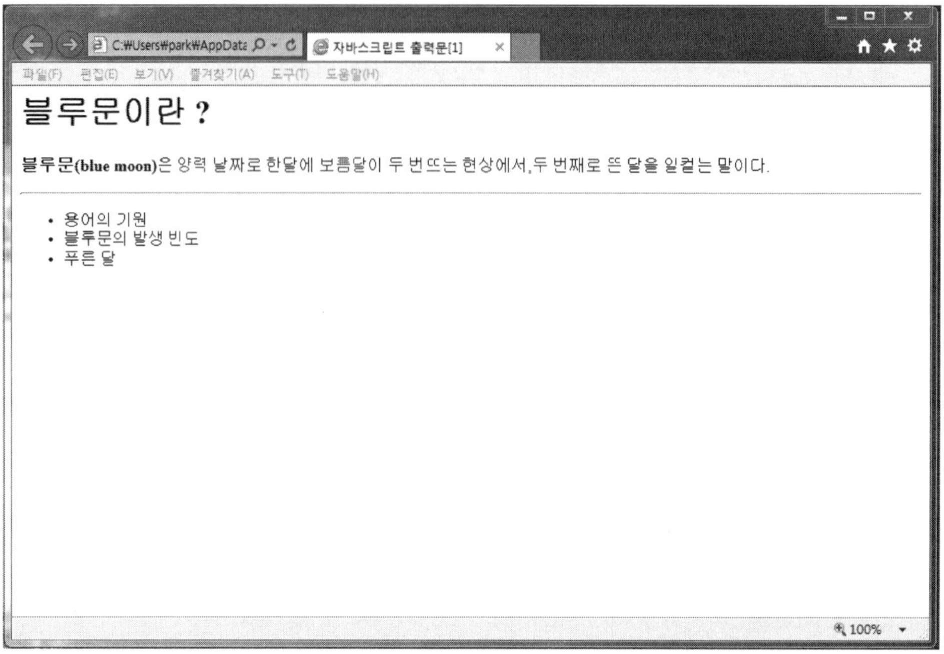

[step 1] Windows의 [시작]버튼을 선택하여 '메모장'을 연다. 그리고, 메모장에서 다음과 같이 입력한다.

```
<!doctype html>
<html>
 <head>
  <meta charset="UTF-8">
   <title>자바스크립트 출력문[1]</title>
 </head>
<body>
</body>
</html>
```

[step 2] 다음은 블루문 홈페이지의 제목을 아래와 같이 표현하기 위하여 <body> 태그사이에 다음을 입력하도록 한다.

```
<body>
  <h1> 블루문이란 ? </h1>
</body>
```

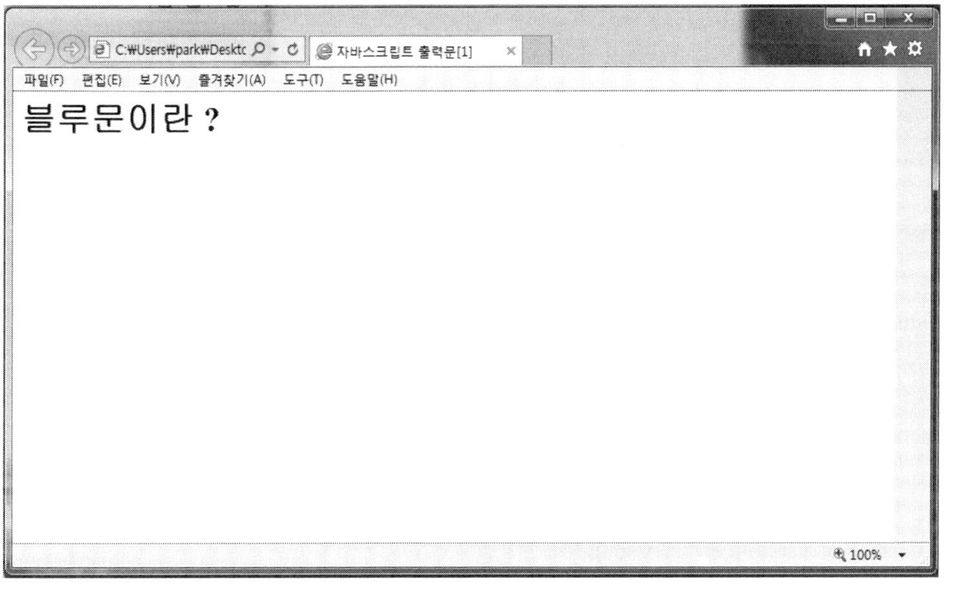

[step 3] 블루문 홈페이지의 내용을 작성하기 위하여, <body>태그사이에 다음과 같이 입력하면 아래 화면에서와 같이 표현된다.

```
<body>
  <h1> 블루문이란 ? </h1>
  <script Language="JavaScript">
    document.write("<p>");
    document.write("<b>블루문(blue moon)</b>은 ");
  </script>
</body>
```

[step 4] 아래 화면에서와 같이 블루문 홈페이지의 첫 번째 문장을 표현하기 위하여 다음가 같이 입력하도록 한다.

```
<body>
  <h1> 블루문이란 ? </h1>
  <script Language="JavaScript">
    document.write("<p>");
    document.write("<b>블루문(blue moon)</b>은 ");
    document.write("<font color='blue'>양력</font> 날짜로 한달에 <font color='blue'>보름달</font>이 두 번뜨는 현상에서,");
    document.write("두 번째로 뜬 달을 일컫는 말이다.<p>");
  </script>
</body>
```

[step 5] 블루문 홈페이지를 완성하기 위하여 다음을 입력하도록 한다.

```
<body>
  <h1> 블루문이란 ? </h1>
  <script Language="JavaScript">
    document.write("<p>");
    document.write("<b>블루문(blue moon)</b>은 ");
    document.write("<font color='blue'>양력</font> 날짜로 한달에 <font color='blue'>
보름달</font>이 두 번뜨는 현상에서,");
    document.write("두 번째로 뜬 달을 일컫는 말이다.<p>");
    document.write("<hr>");
    document.write("<UL><li>용어의 기원 <li> 블루문의 발생 빈도 <li>푸른 달 </UL>");
  </script>
</body>
```

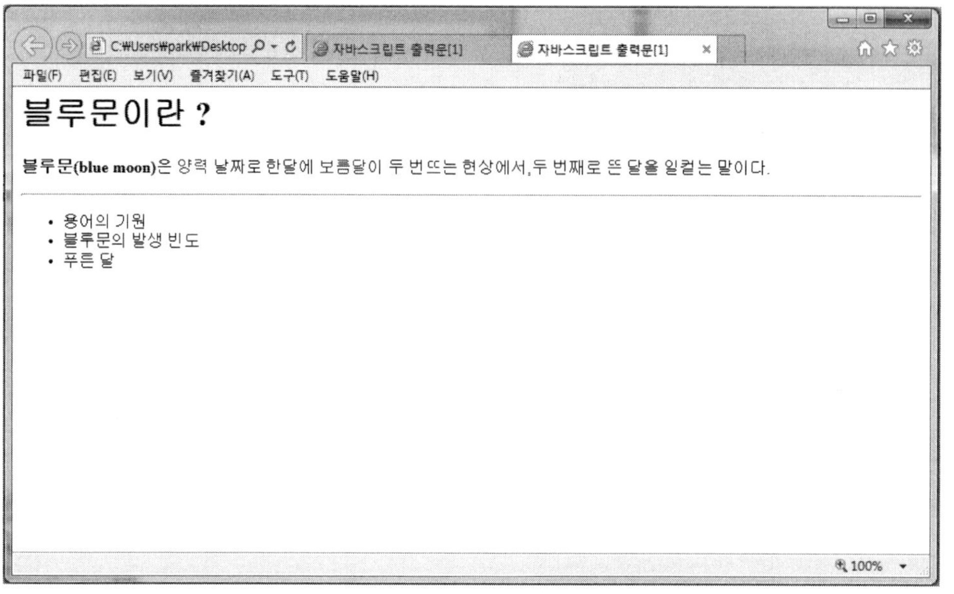
C:₩Users₩park₩Desktop
자바스크립트 출력문[1]
자바스크립트 출력문[1]
파일(F) 편집(E) 보기(V) 즐겨찾기(A) 도구(T) 도움말(H)
블루문이란 ?
블루문(blue moon)은 양력 날짜로 한달에 보름달이 두 번뜨는 현상에서,두 번째로 뜬 달을 일컫는 말이다.
용어의 기원
블루문의 발생 빈도
푸른 달
100%

제 3 절 사칙연산 홈페이지 작성

다음과 같은 사칙 연산이 가능한 홈페이지를 작성하도록 하다.

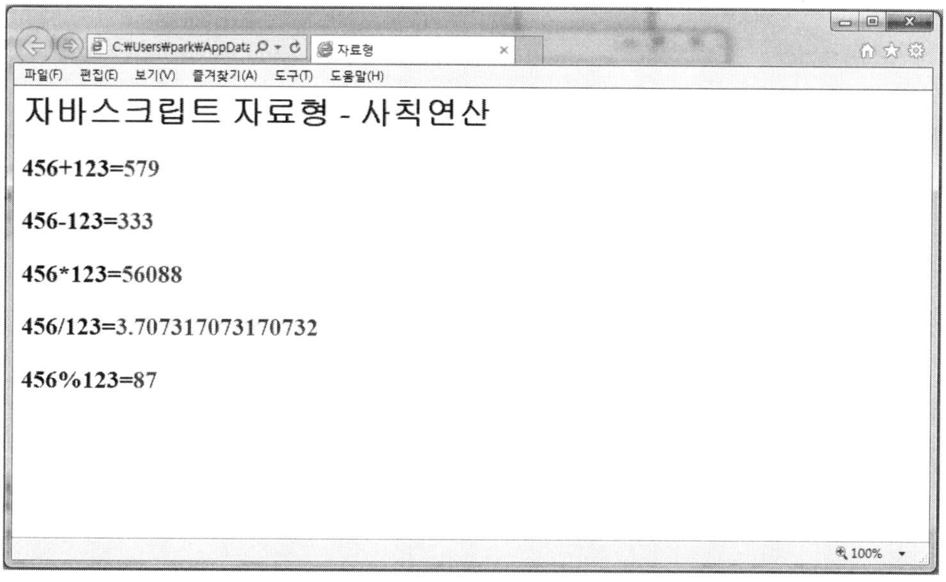

[step 1] Windows의 [시작]버튼을 선택하여 '메모장'을 연다. 그리고, 메모장에서 다음과 같이 입력한다.

```
<!doctype html>
<html>
 <head>
  <meta charset="UTF-8">
   <title>자료형</title>
 </head>
<body>
</body>
</html>
```

[step 2] 아래와 같이 사칙연산 홈페이지의 제목을 표현하기 위하여 다음과 같이 입력하도록 한다.

```
<body>
  <h1> 자바스크립트 자료형 - 사칙연산 </h1>
</body>
```

[step 3] 아래 화면에서와 같이 두 수에 대한 덧셈 문제를 출제하기 위하여 다음과 같이 입력하도록 한다.

```
<body>
  <h1> 자바스크립트 자료형 - 사칙연산 </h1>
  <script Language="JavaScript">
    var num1=456;
    var num2=123;

    document.write("<p><h2>");
    document.write( num1 + "+" + num2);
  </script>
```

```
</body>
```

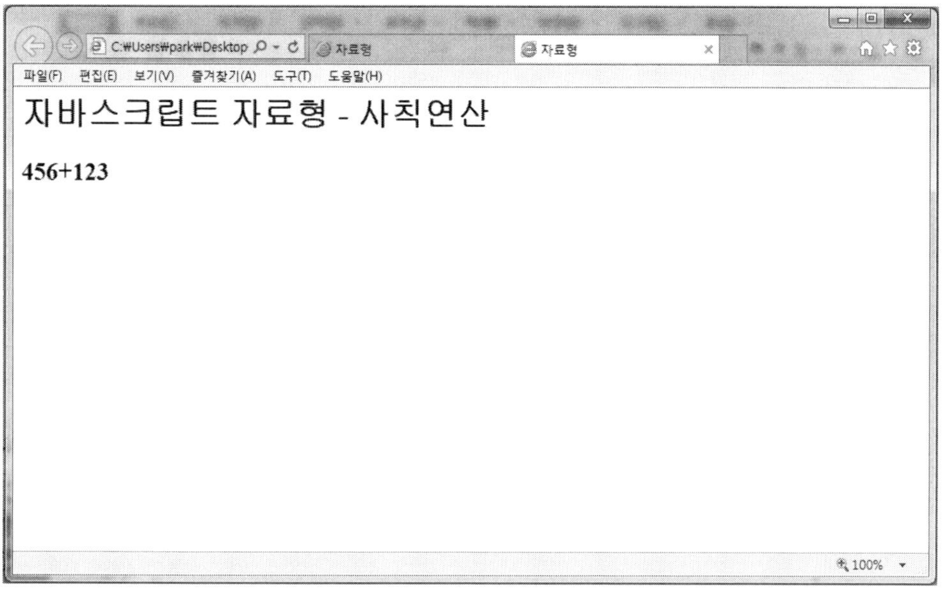

[step 4] 두 수에 대한 덧셈 결과를 아래화면에서와 같이 표현하기 위하여, 다음과 같이 입력하도록 한다.

```
<body>
  <h1> 자바스크립트 자료형 - 사칙연산 </h1>
  <script Language="JavaScript">
    var num1=456;
    var num2=123;

    document.write("<p><h2>");
    document.write( num1 + "+" + num2);
    document.write("=" +"<font color=red>" +( num1+num2)+ "</font><p>");
  </script>
</body>
```

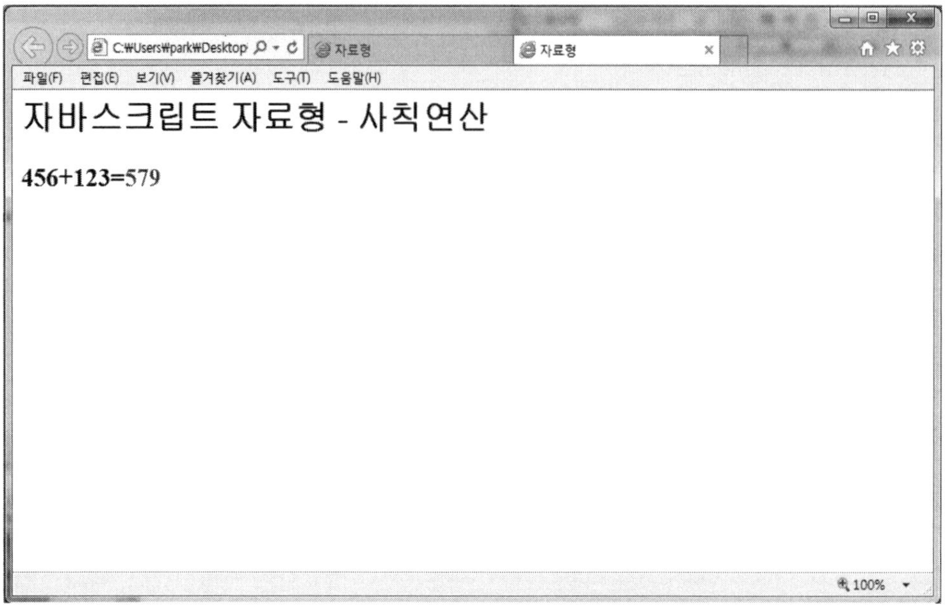

[step 5] 두 수에 대한 뺄셈 결과를 아래화면에서와 같이 표현하기 위하여, 다음과 같이 입력하도록 한다.

```
<body>
  <h1> 자바스크립트 자료형 - 사칙연산 </h1>
  <script Language="JavaScript">
    var num1=456;
    var num2=123;

    document.write("<p><h2>");
    document.write( num1 + "+" + num2);
    document.write("=" +"<font color=red>" +( num1+num2)+ "</font><p>");
    document.write( num1 + "-" + num2);
    document.write("=" +"<font color=red>" +( num1-num2)+ "</font><p>");
  </script>
</body>
```

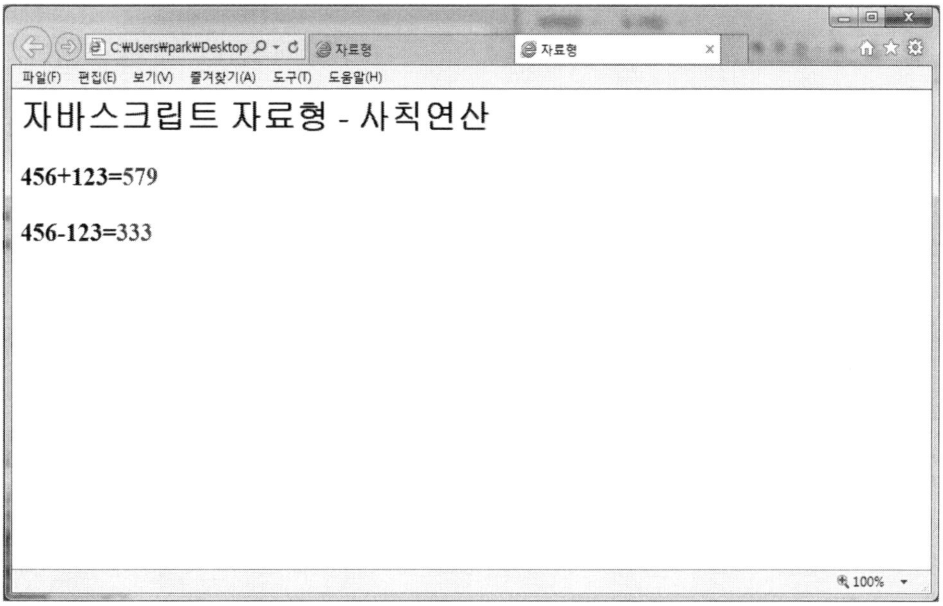

[step 6] 두 수에 대한 곱셈 결과를 아래화면에서와 같이 표현하기 위하여, 다음과 같이 입력하도록 한다.

```
<body>
  <h1> 자바스크립트 자료형 - 사칙연산 </h1>
  <script Language="JavaScript">
    var num1=456;
    var num2=123;

    document.write("<p><h2>");
    document.write( num1 + "+" + num2);
    document.write("=" +"<font color=red>" +( num1+num2)+ "</font><p>");
    document.write( num1 + "-" + num2);
    document.write("=" +"<font color=red>" +( num1-num2)+ "</font><p>");
    document.write( num1 + "*" + num2);
    document.write("=" +"<font color=red>" +( num1*num2)+ "</font><p>");
  </script>
```

```
</body>
```

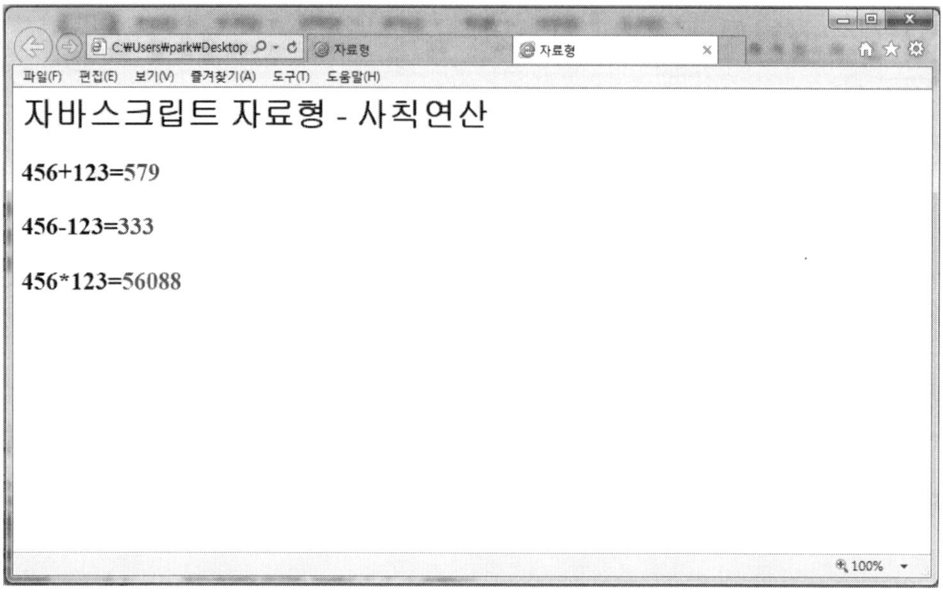

[step 7] 두 수에 대한 나눗셈을 한 후, 아래화면에서와 같이 몫을 표현하기 위하여, 다음과 같이 입력하도록 한다.

```
<body>
  <h1> 자바스크립트 자료형 - 사칙연산 </h1>
  <script Language="JavaScript">
    var num1=456;
    var num2=123;

    document.write("<p><h2>");
    document.write( num1 + "+" + num2);
    document.write("=" +"<font color=red>" +( num1+num2)+ "</font><p>");
    document.write( num1 + "-" + num2);
    document.write("=" +"<font color=red>" +( num1-num2)+ "</font><p>");
    document.write( num1 + "*" + num2);
    document.write("=" +"<font color=red>" +( num1*num2)+ "</font><p>");
    document.write( num1 + "/" + num2);
```

```
    document.write("=" +"<font color=red>" +( num1/num2)+ "</font><p>");
  </script>
</body>
```

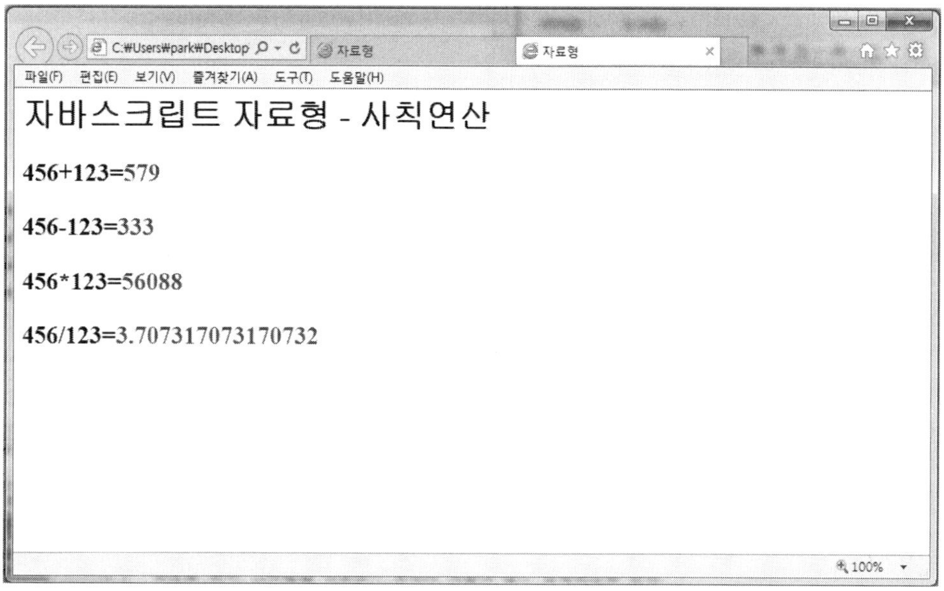

[step 8] 두 수에 대한 나눗셈을 한 후, 아래화면에서와 같이 나머지를 표현하기 위하여, 다음과 같이 입력하도록 한다.

```
<body>
  <h1> 자바스크립트 자료형 - 사칙연산 </h1>
  <script Language="JavaScript">
    var num1=456;
    var num2=123;

    document.write("<p><h2>");
    document.write( num1 + "+" + num2);
    document.write("=" +"<font color=red>" +( num1+num2)+ "</font><p>");
    document.write( num1 + "-" + num2);
    document.write("=" +"<font color=red>" +( num1-num2)+ "</font><p>");
    document.write( num1 + "*" + num2);
```

```
    document.write("=" +"<font color=red>" +( num1*num2)+ "</font><p>");
    document.write( num1 + "/" + num2);
    document.write("=" +"<font color=red>" +( num1/num2)+ "</font><p>");
    document.write( num1 + "%" + num2);
    document.write("=" +"<font color=red>" +( num1%num2)+ "</font><p>");
    document.write("<p></h2>");
  </script>
</body>
```

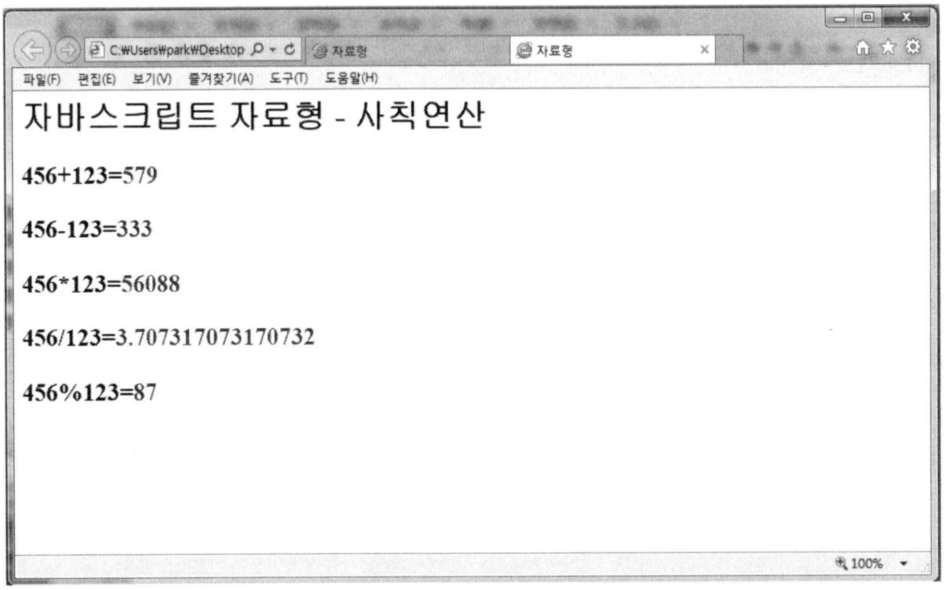

제 4 절 짝수홀수 판정 홈페이지 작성하기

다음과 같이 프롬프트 창이 나타났을 때, 정수를 입력하면, 입력한 정수가 홀수인지 짝수인지를 판정해서 아래와 같이 출력하는 홈페이지를 작성하기로 한다.

[step 1] Windows의 [시작]버튼을 선택하여 '메모장'을 연다. 그리고, 메모장에서 다음과 같이 입력한다.

```
<!doctype html>
<html>
 <head>
  <meta charset="UTF-8">
   <title>자바스크립트 - alert</title>
 </head>
<body>
</body>
</html>
```

[step 2] 짝수홀수 판정 홈페이지의 제목을 아래 화면에서와 같이 출력하기 위하여 다음과 같이 <body>태그내에 코드를 삽입한다.

```
<body>
<h1> 자바스크립트 - alert </h1>
</body>
```

[step 3] 키보드로부터 정수를 입력받기 위한 준비를 위하여 아래와 같은 창이 필요하다. 이를 위하여 다음과 같이 입력하도록 한다.

```
<body>
  <h1> 자바스크립트 - alert </h1>
  <script Language="JavaScript">
    var input=prompt("정수를 입력하시오", "숫자");
  </script>
</body>
```

Tip. prompt() 함수

prompt() 함수는 자바스크립트의 내부함수의 하나로서, 사용자가 데이터를 입력할 수 있게 입력창을 띄워주는 함수이다.

· **형식**

prompt(입력창에 표시할 문자열, 기본값)

[step 4] 입력된 정수가 짝수인지 아니면 홀수인지를 판단하기 위하여 다음과 같이 입력하도록 한다.

```
<body>
  <h1> 자바스크립트 - alert </h1>
  <script Language="JavaScript">
    var input=prompt("정수를 입력하시오", "숫자");
```

```
    Number(input%2==0) ? alert(input+"은 짝수입니다.") : alert(input+"은 홀수입니다.");
  </script>
</body>
```

Tip. 조건문(IF문)

조건식의 결과값에 따라 해당 문장을 실행하는 문으로서, 대표적은 조건문으로 IF 문이 있다. IF문은 다음과 같이 IF와 ELSE로 구성하는데, ELSE는 생략 가능하다. 조건식이 참일 경우 IF 다음에 오는 명령문을 실행하고, 거짓일 경우에는 ELSE 다음에 오는 명령문을 실행한다. IF문에서 여러 명령문을 실행할 경우에는 블록화를 해야 하며, 블록화를 위해서는 중괄호({})기호를 이용한다.

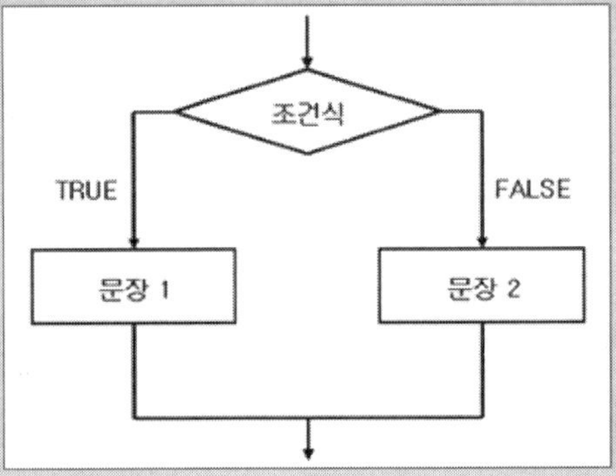

· **기본 형태**

```
If (조건식)
   문장1;
else
   문장2;
```

Tip. 삼항연산자 조건문

조건문에는 If 문이외에, 삼항 연산자로 구성된 조건문이 있다.

· 기본 형태
  (불리언 표현식) ? (참일 때 실행) : (거짓일 때 실행)
· 사용 예
  다음과 같이 삼항 연산자 조건문을 이용하면, IF문을 이용했을 때보다 간결하게 표현할 수 있다.

```
var su = 3;
(su > 0) ? alert("자연수“) : alert("자연수 아님“)
```

Tip. alert() 함수

alert() 함수는 자바스크립트의 내부함수의 하나로서, 파라미터로 전달받은 문자열을 새로운 메시지 창에 표시하고, 사용자가 확인버튼(또는 OK버튼)을 누를 때까지 alert() 함수 다음에 있는 자바스크립트 내용이나 HTML문서 내용의 실행을 중단한다.

- 형식

  alert(표시할 문자열)

그리고, 다음의 예를 통해, alert() 발생시 실행중단을 확인할 수 있다.

```
<HTML>
  <HEAD>
    <TITLE>alert() 함수 확인</TITLE>
    <script>
    alert("확인");
    document.write("환영");
    </script>
  </HEAD>
 <BODY>
 </BODY>
 </HTML>
```

제 9장
웹 문서에서 계산하기

· 학습 목표

이 장에서는 홈페이지에서 사용빈도가 높은 테이블에 대해 어떠한 스타일을 지정할 수 가 있는지와 함께, 테이블에 대한 스타일 지정방법 등에 대한 학습을 하도록 한다.

· 학습 내용

- caption태그, border-collapse속성, nth-child속성, nth-of-type()속성, hover속성, 링크 선택자 학습

제 1 절 구구단(3단) 홈페이지 만들기

다음과 같은 구구단(3단)을 출력하는 홈페이지를 만들어 보기로 한다.

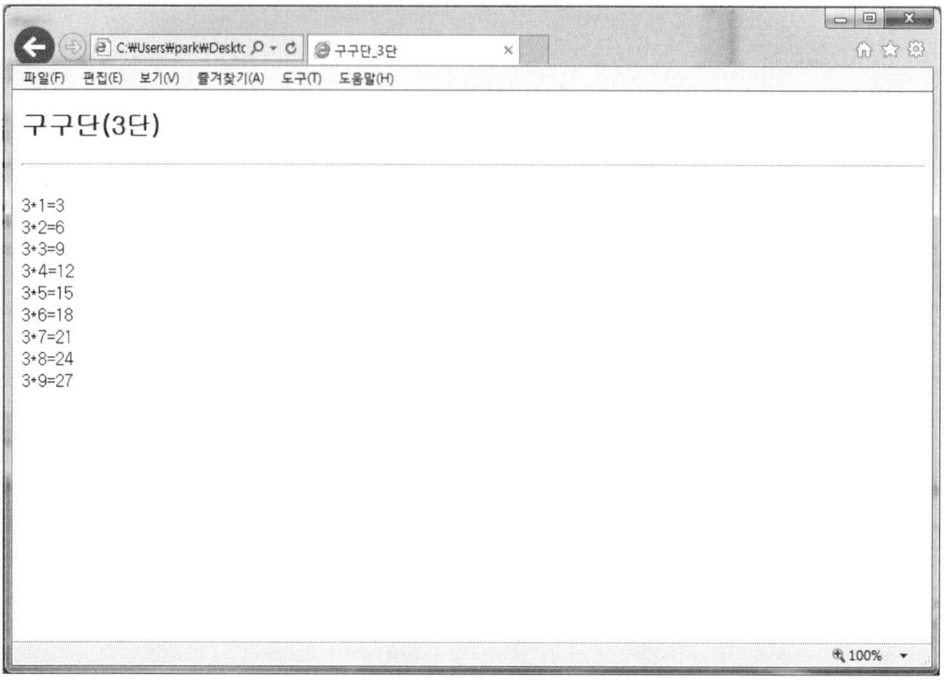

[step 1] Windows의 [시작]버튼을 선택하여 ‘메모장’을 연다. 그리고, 메모장에서 다음과 같이 입력한다.

```
<!doctype html>
<html>
 <head>
  <meta charset="UTF-8">
   <title>구구단-3단</title>
 </head>
<body>
</body>
</html>
```

[step 2] 구구단(3단) 홈페이지의 제목을 아래 화면에서와 같이 표현하기 위하여, 다음과 같이 입력한다.

```
<body>
<h2>구구단(3단)</h2>
<script  Language="JavaScript">
    var i;
    document.write("<hr width='100%' /><br>");
 </script>
</body>
```

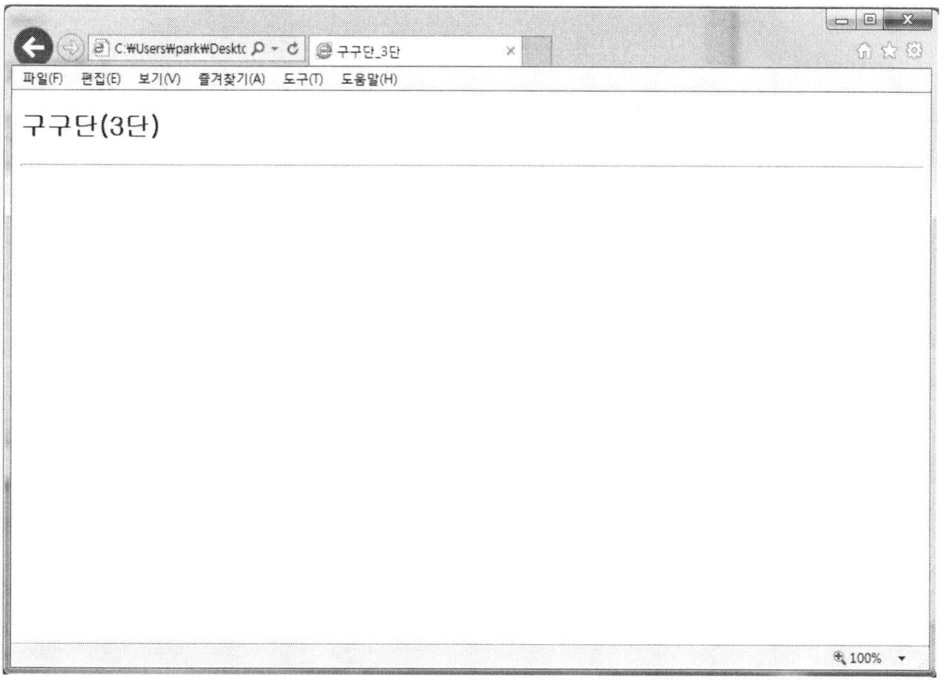

[step 3] 구구단의 3단을 출력하기 위하여 다음과 같이 입력한다.

```
<body>
<h2>구구단(3단)</h2>
<script  Language="JavaScript">
```

```
    var i;
    document.write("<hr width='100%' /><br>");
    for(i=1; i<=9; i=i+1)
    {
      document.write("3" + "*" + i + "=" + 3*i);
      document.write("<br>");
    }
  </script>
</body>
```

Tip. 반복문

어떠한 내용을 반복해서 처리하고자 하는 경우, 반복문이라는 개념을 이용하는데, 자바스크립트에는 while문, do while문, for문의 세 가지의 반복문이 있다. for반복문의 구조는 다음과 같다.

· **형식**

```
for(변수 선언 초기값 설정 ; 조건식 ; 변수의 증감식)
{
  조건식이 참인 동안 실행할 명령문;
}
```

제 2 절 구구단(전체) 홈페이지 만들기

다음과 같은 구구단을 출력하는 홈페이지를 만들어 보기로 한다.

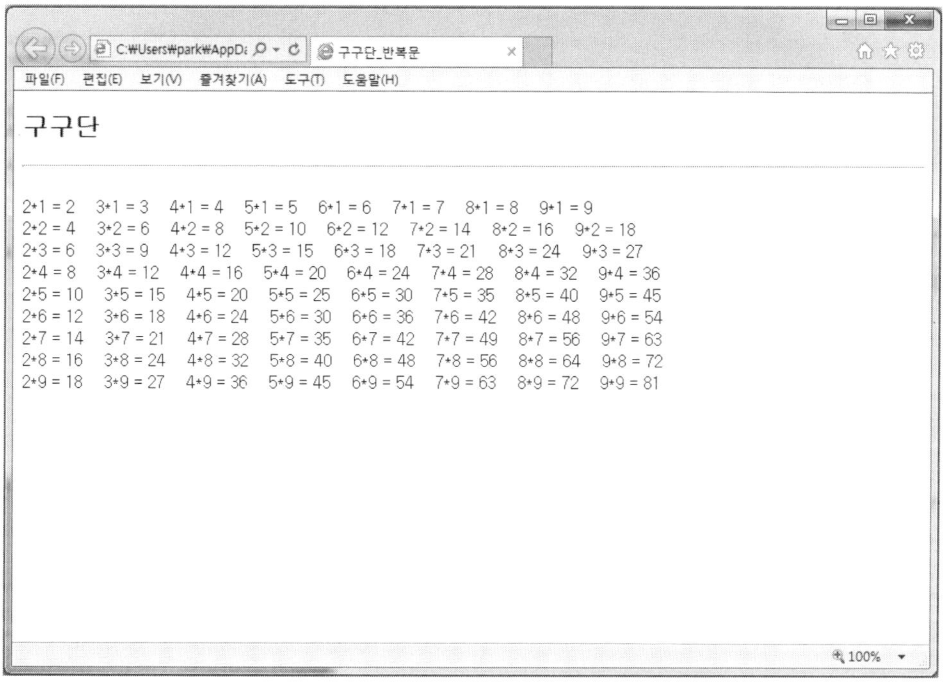

[step 1] Windows의 [시작]버튼을 선택하여 '메모장'을 연다. 그리고, 메모장에서 다음과 같이 입력한다.

```
<!doctype html>
<html>
 <head>
  <meta charset="UTF-8">
   <title>구구단-반복문</title>
 </head>
<body>
</body>
</html>
```

[step 2] 구구단(전체) 홈페이지를 완성하기 위하여 아래와 같이 입력한다.

```
<body>
<h2>구구단</h2>
<script  Language="JavaScript">
    var i, j;
    document.write("<hr width='100%' /><br>");
    for(i=1; i<=9; i++) {
         for(j=2; j<=9; j++) {
                   document.write(  j  +  "*"  +  i  +  "  =  "  +  i*j  +
"    ");
                          }
      document.write("<br>");
     }
 </script>
</body>
```

Tip. 이중반복문

다음 예제에서와 같이, 반복문 안에 반복문이 들어가는 것을 이중반복문 또는 다중반복문이라고 한다.
아래 이중반복문 예제는 바깥쪽 반복문이 i에 대해 1에서부터 시작해서, 안쪽 반복문이 3번 반복해서 실행되고, 이어서, i의 값이 2로 증가한 후, 안쪽 반복문이 3반 반복해서 실행하게 된다.

· **예**

```
for(i=1; i<=2; i=i+1)
    for(j=1; j<=3; j=j+1)
        document.write("서울");
```

Tip.

 는 공백을 의미하는데, 띄워 쓰기를 할 때는 키보드의 스페이스키를 한 번 눌러서 하나의 공백 즉 빈칸을 삽입한다. 그러나, HTML에서는 일반텍스트 편집과 달리, 공백 2개를 연속으로 삽입하더라도 두 개의 공백을 만들 수 없을 뿐 아니라, 공백을 아무리 많이 삽입하더라도 하나의 공백으로 간주된다. 따라서 여러 개의 공백이 필요한 경우에는 기호를 이용하면 브라우저가 를 빈 칸으로 표시해 준다.

가령, "한국"이라는 단어와 "대학교"라는 단어 사이에 4개의 공백을 삽입하고자 할 때에는

한국   대학교

라고 표현하면 된다.

제 3 절 나이 계산 프로그램

다음과 같이 출생년도를 입력했을 때, 아래 화면에서와 같이 해당 출생년도에 태어난 사람의 나이를 계산하는 프로그램을 작성하도록 한다.

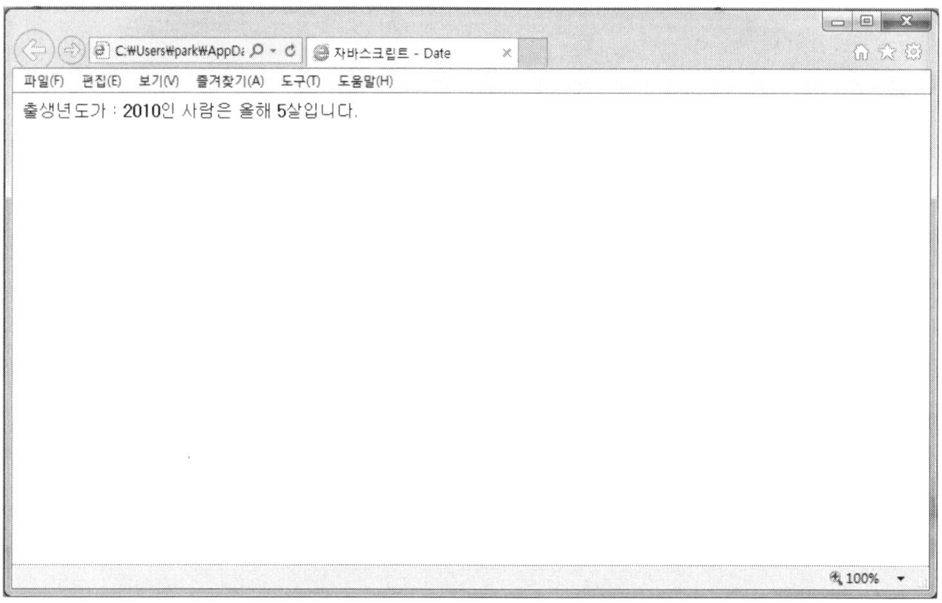

[step 1] Windows의 [시작]버튼을 선택하여 '메모장'을 연다. 그리고 메모장에서 다음과 같이 입력한다.

```
<!doctype html>
<html>
```

```
  <head>
   <meta charset="UTF-8">
    <title>자바스크립트 - Date</title>
  </head>
 <body>
 </body>
 </html>
```

[step 2] 우선, 키보드를 통해 사용자로부터 사용자의 출생년도를 입력받아야 하는데, 이를 위하여 다음과 같이 입력하도록 한다.

```
<!DOCTYPE html>
<html>
<head>
<meta charset="utf-8" >
<title>자바스크립트 - Date</title>
<script Language="javascript">
          var input_age=prompt("출생년도입력하시오", "출생년도");
</script>
</head>
<body>
</body>
</html>
```

[step 3] 입력한 출생년도에 태어난 사람의 나이를 계산하기 위하여 다음과 같이 입력하도록 한다.

```
<!DOCTYPE html>
<html>
<head>
<meta charset="utf-8" >
<title>자바스크립트 - Date</title>

<script Language="javascript">
        var input_age=prompt("출생년도입력하시오", "출생년도");
        var today = new Date();
        var c_year = today.getFullYear()
        var year = Number(input_age);
        var age= c_year - year;
        document.write("출생년도가 : " + "<b>"+input_age+"</b>");
        document.write("인 사람은 올해 " + "<b>"+age+ "</b>살입니다.");
</script>
</head>
<body>
</body>
</html>
```

Tip. Date()

날짜와 시간을 계산하기 위해서는 Date 객체가 필요하며, Date 객체는 Date()생성자를 통해 만들 수 있다.

- var today = new Date();
  현재 날짜와 시간을 계산하는 함수
- var year = today.getFullYear();
  네자리로 된 연도를 계산하는 함수
- var month = today.getMonth();
  월을 계산하는 함수
- var date = today.getDate();
  날짜를 계산하는 함수
- var hour = today.getHour();
  시간을 계산하는 함수
- var hour = today.getMinutes();
  분을 계산하는 함수
- var seconds = today.getSeconds();
  초를 계산하는 함수

Tip. getFullYear()

네자리로 된 연도를 계산하는 메소드로서, 1995년은 1995로 반환된다. Date생성자 또는 setFullYear에서 두 자리로 지정된 연도는 20세기에 있는 것으로 간주되어 가령 "7/17/95"의 경우, getFullYear()메소드는 "1995"를 반환한다.

제 10장
웹 문서내에 그림 그리기

· 학습 목표

이 장에서는 자바스크립트만으로 웹 문서 내에 이미지및 그림을 그리는 방법에 대해 학습하도록 한다.

· 학습 내용

- <canvas>, context객체와 속성등을 학습

캔버스는 자바스크립트를 이용하여 별도의 플래그인이나 프로그램의 설치 없이 웹 문서 내에 그래프나 그림을 그리거나, 이미지나 그림을 합성, 변환할 수 있다. 캔버스는 X축과, Y축을 갖는 사각 평명의 2차원 좌표계를 이용하며, 왼족 상단 모서리가 원점인 (0,0)이다.

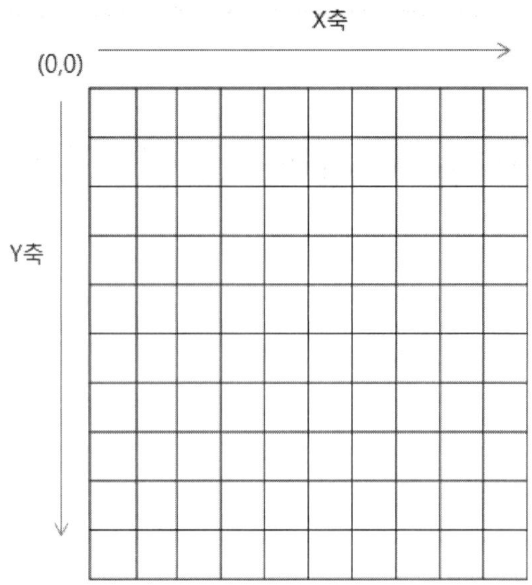

제 1 절 원안에 별 이미지 만들기

다음과 같이 <canvas>를 이용하여 다음과 같이 원안에 별 이미지를 삽입하는 프로그램을 작성한다.

[step 1] 메모장을 열어서 HTML 문서의 기본 골격인 다음을 입력한다.

```
<html>
<head>
<meta charset=utf-8>
<title> 도형그리기</title>
</head>

<body>
<h2> 원안에 별 채우기 </h2>
<canvas id="mycanvas"  width="200px" height="200px"> </canvas>
</body>
</html>
```

<camvas> 속성중 id와 width, height을 지정하여 이미지를 그릴 수 있는 영역을 지정한다.

[step 2] 이미지를 그릴 영역의 속성을 css를 사용하여 영역을 표시한다.

```
<html>
<head>
<meta charset=utf-8>
<title> 도형그리기</title>
<style>
#mycanvas {border: 1px solid black;
}
</style>
</head>
<body>
<h2> 원안에 별 채우기 </h2>
<canvas id="mycanvas"  width="200px" height="200px"> </canvas>

</body>
</html>
```

[step 3] 원과 직선을 이용하여 원안에 별모양을 그려 넣는 자바스크립트 코드를 다음과 같이 프로그래밍 한다.

- context.moveTo()를 이용하여 좌표의 시작점을 지정한다.
- context.lineTo()를 이용하여 삼각형의 모양을 그린다.
- context.beginPath()를 사용하여 이전까지 그렸던 패스를 모두 리셋하고 새로운 패스를 그린다.
- context.cloasePath() 메소는 지금까지 그린 패스를 종료한다.
- context.strokeStyle값을 red로 설정하여 선색상을 지정한다.

```
<html>
<head>
<meta charset=utf-8>
<title> 도형그리기</title>
<style>
#mycanvas {border: 1px solid black;
}
</style>
</head>

<body>
<h2> 원안에 별 채우기 </h2>
<canvas id="mycanvas"  width="200px" height="200px"> </canvas>
<script type="text/javascript">
var canvas=document.getElementById("mycanvas");
var context = canvas.getContext("2d");

context.beginPath();
context.arc(100,100,40,0,2*Math.PI);
context.stroke();
context.closePath();
context.beginPath();
context.moveTo(100,60);
```

```
context.lineTo(60,110);
context.lineTo(140,110);
context.moveTo(100,60);
context.lineTo(140,110);
context.strokeStyle="red";
context.stroke()
context.closePath();

context.beginPath();
context.moveTo(100,140);
context.lineTo(65,80);
context.lineTo(135,80);
context.moveTo(135,80);
context.lineTo(100,140);
context.strokeStyle="red";
context.stroke()
context.closePath();
</script>
</body>
</html>
```

Tip. 캔버스와 컨텍스트 객체

캔버스를 이용해 그림을 그리기 위해서는 캔버스 요소를 사용한다. 캔버스 객체를 추가 하기 위해서 <canvas>태그를 이용한다.

· 사용법

- <canvas id="mycanvas" width="50" height="50"> </canvas>

<canvas>태그는 좌표의 크기를 지정하기 위해 width와 height 속성을 지정하여 사용한다.

캔버스를 이용해서 이미지나 그림을 그리기 위해서 getContext() 메소드를 이용해서 캔버스 컨텍스트를 구한다. DOM을 이용해서 <canvas>태그 객체에 접근한 후 컨텍스트 객체를 얻을 수 있다.

```
- var canvas = document.getElementById("mycanvas");
  var context = canvas.getContext("2d");
```

· 캔버스 컨텍스트 메소드

- context.moveTo(x,y) : (x,y)좌표로 이동
- context.line(x,y) : 현재시작점에서 (x,y)까지 선을 그린다.
- context.rect(x,y,width,height) : (x,y)지점에서 가로 width, 세로 height인 사각형을 그린다.
- context.stroke() : 현재 지정된 색과 선 끝 모양으로 선을 그린다. (기본색 : 검정)
- context.arc(x,y,r, startAngle, endAngle, 방향) : (x,y)을 원점으로 반지름 r인 원을 그린다. 시작각과 끝 각도를 지정하여 원을 그린다. 방향은 false(기본설정)로 설정하면 시계방향으로 원을 그린다.

예] 직선그리기

```
var canvas = document.getElementById("mycanvas");
var context = canvas.getContext("2d");

context.moveTo(10,10);
context. lineTo (20,20);
context.stroke();
```

제 2 절 올림픽 오륜기 만들기

다음과 같이 <canvas>를 사용하여 웹문서 내에 올림픽 오륜기를 그리는 프로그램을 작성한다.

[step 1] 메모장을 열어서 HTML 문서의 기본 골격인 다음을 입력한다.

```
<html>
<head>
<meta charset=utf-8>
<title> 여러 도형 그리기</title>
</head>
<body>
<h2> 사각형안에 올림픽 오륜기 그리기 </h2>
<canvas id="mycanvas"  width="600px" height="400px"> </canvas>
```

```
</body>
</html>
```

[step 2] 이미지를 그릴 영역의 속성을 css를 사용하여 영역을 표시한다.

```
<html>
<head>
<meta charset=utf-8>
<title> 여러 도형 그리기</title>
<style>
#mycanvas {border: 1px solid black;
}
</style>
</head>

<body>
<h2> 사각형안에 올림픽 오륜기 그리기 </h2>
<canvas id="mycanvas"  width="600px" height="400px"> </canvas>
</body>
</html>
```

[step 3] 사각형을 그리고 원을 그려 넣는 자바스크립트 코드를 다음과 같이 프로그래밍 한다. 원을 그리기 위해서 arc()를 사용한다. arc()에는 시작 x, y좌표, 반지름, 시작 각도, 종료 각도, 그리는 방향을 지정해야 한다.

이때, 시작 각도와 종료 각도의 단위는 도를 사용하지 않고 라디안을 사용한다. 즉 도에 Math.PI/180을 곱한다. 예를 들면 10도를 표현하고자 하면 Math.PI/180* 10 이라고 표현하면 된다. 그리고, 방향의 값은 true(반시계반향)와 false(시계반향)값을 갖는다.

```
<html>
<head>
<meta charset=utf-8>
<title> 여러 도형 그리기</title>
<style>
```

```
#mycanvas {border: 1px solid black;
}
</style>
</head>

<body>
<h2> 사각형안에 올림픽 오륜기 그리기 </h2>
<canvas id="mycanvas"  width="600px" height="400px"> </canvas>
<script type="text/javascript">
var canvas=document.getElementById("mycanvas");
var context = canvas.getContext("2d");

context.moveTo(40,40);
context.rect(40,40,420,320);
context.stroke();

context.beginPath();
context.arc(150,140,45,0,2*Math.PI);
context.lineWidth=5;
context.strokeStyle="blue";

context.stroke();

context.beginPath();
context.arc(250,140,45,0,2*Math.PI);
context.strokeStyle="black";
context.stroke();

context.beginPath();
context.arc(350,140,45,0,2*Math.PI);
context.strokeStyle="red";
context.stroke();

context.beginPath();
```

```
context.arc(195,185,45,0,2*Math.PI);
context.strokeStyle="yellow";
context.stroke();

context.beginPath();
context.arc(300,185,45,0,2*Math.PI);
context.strokeStyle="green";
context.stroke();
</script>
</body>
</html>
```

Tip. 도형 꾸미기

· 캔버스 경로 그리기

- context.beginPath() : 경로 지정을 시작하는 메소드
- context.closePath() : 경로 지정의 종료하는 메소드로 경로의 시작점까지 직선으로 연결한다. 그리고 현재 위치는 경로의 시작점으로 이동

· 선의 종류와 색상 지정하기

캔버스에 그림을 그릴 때 선의 색상과 두께를 지정하거나, 도형의 내부에 색상을 넣을 수 있다.

- context.lineWidth : 선의 두께를 픽셀로 지정
- context.strokeStyle : 선의 색상 지정
- context.fillStyle : 도형의 내부에 색상 값 지정
- context.fill() : 현재 지정된 fillStyle에서 지정한 색으로 도형을 채운다.

제 3 절 시계 만들기

다음과 같이 <canvas>를 사용하여 원과 텍스트를 삽입하여 원모양의 시계를 나타내는 프로그램을 작성한다.

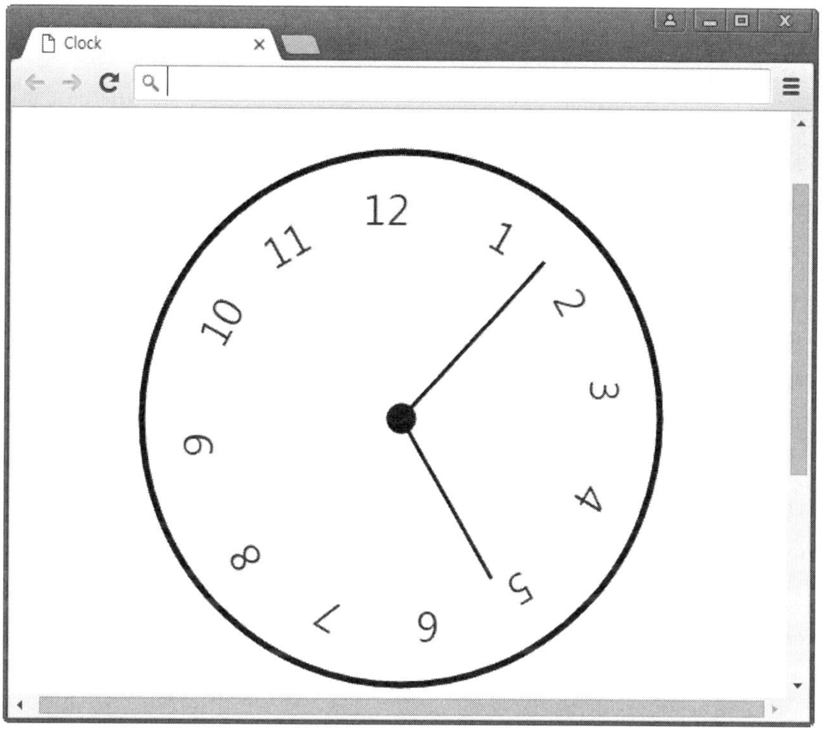

[step 1] 메모장을 열어서 HTML 문서의 기본 골격인 다음을 입력한다.

```
<html>
<head>
<title>Clock </title>
</head>
<body>

<canvas id="myCanvas" width="600" height="800"></canvas>
```

```
</body>
</html>
```

[step 2] 먼저 원을 이용해 시계모양을 만들기 위해 도형을 이용한다.

```
<html>
<head>
<title>Clock </title>
</head>
<body>

<canvas id="myCanvas" width="600" height="800"></canvas>

<script type="text/javascript">
    var canvas = document.getElementById("myCanvas");
    var context = canvas.getContext("2d");

    context.lineWidth = 5;
    context.translate(300, 300);

    context.arc(0, 0, 200, 0, 2*Math.PI);
    context.stroke();

    context.beginPath();
    context.fillStyle = "black";
    context.arc(0, 0, 10, 0, 2*Math.PI);
    context.fill();

    context.lineWidth = 3;
    context.moveTo(0, 0);
    context.lineTo(110, -118);
    context.fill();

    context.moveTo(0, 0);
```

```
        context.lineTo(70, 120);
        context.fill();
    context.stroke();
</script>
</body>
</html>
```

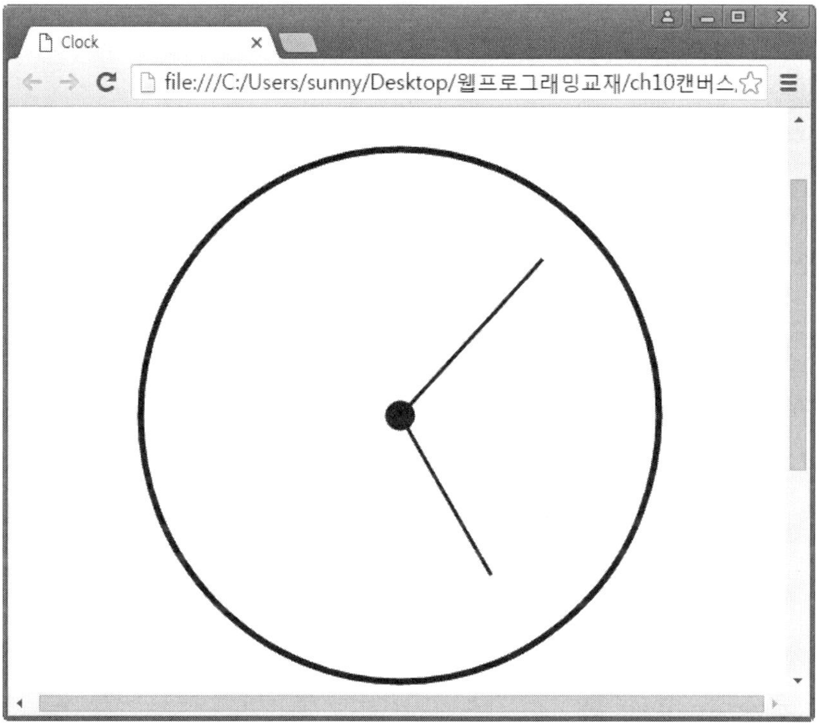

[step 3] 사각형을 그리고 원을 그려 넣는 자바스크립트 코드를 다음과 같이 프로그래밍 한다. context.fillText를 이용하여 원안에 시간을 알려줄 숫자를 삽입한다. 이때, 원하는 위치에 문자열을 쓰기 위해 rotate(각도)를 이용한다. 가령, 시계방향으로 10도 회전하고자 할 경우에는, context.rotate(Math.PI/160) *10라고 표현한다.

```
<html>
<head>
```

```
<title>Clock </title>
</head>
<body>

<canvas id="myCanvas" width="600" height="800"></canvas>

<script type="text/javascript">
    var canvas = document.getElementById("myCanvas");
    var context = canvas.getContext("2d");

    context.lineWidth = 5;
    context.translate(300, 300);

    context.arc(0, 0, 200, 0, 2*Math.PI);
    context.stroke();

    context.beginPath();
    context.fillStyle = "black";
    context.arc(0, 0, 10, 0, 2*Math.PI);
    context.fill();

    context.lineWidth = 3;
    context.moveTo(0, 0);
    context.lineTo(110, -118);
    context.fill();

    context.moveTo(0, 0);
    context.lineTo(70, 120);
    context.fill();

    context.fillStyle="blue";
    context.font = "24pt bold";
    context.fillText("12", -30, -160+15);
    context.rotate(Math.PI/6); context.fillText("1", -10, -160+15);
    context.rotate(Math.PI/6); context.fillText("2", -20, -160+15);
    context.rotate(Math.PI/6); context.fillText("3", -30, -160+15);
    context.rotate(Math.PI/6); context.fillText("4", -30, -160+15);
    context.rotate(Math.PI/6); context.fillText("5", -25, -160+15);
```

```
    context.rotate(Math.PI/6); context.fillText("6", -30, -160+15);
    context.rotate(Math.PI/6); context.fillText("7", -35, -160+15);
    context.rotate(Math.PI/6); context.fillText("8", -40, -160+15);
    context.rotate(Math.PI/6); context.fillText("9", -30, -160+15);
    context.rotate(Math.PI/6); context.fillText("10", -25, -160+15);
    context.rotate(Math.PI/6); context.fillText("11", -30, -160+15);
    context.stroke();
</script>
</body>
</html>
```

Tip. 문자 그리기 (도형문자)

캔버스에는 도형뿐만 아니라 텍스트를 그려 넣을 수 있다. 비트맵을 이용한 그리기이므로 삽입된 글자를 수정하는 것은 불가능하다.

· **글자 메소드**

- context.font : 텍스트의 글자체를 지정한다.
- context.textAlign : 정렬방식 지정한다. 값으로는 left, right, center, start, end
- context.fillStyle : 글자의 색상을 지정한다.
- context.fillText() : 지정된 fillStyle로 텍스트를 그린다.

· **글자 장식**

- context.strokeStyle = 색상 : 텍스트 외곽선의 색상을 지정한다.
- context.lineWidth = 선두께 : 텍스트 외곽선의 두께을 지정한다.
- context.strokeText(text,x,y) : (x,y)위치에 strokeStyle 색상으로 text의 외곽선을 그린다.

```
var tx1="HTML & CSS";

context.font="bold 40pt 궁서체";
context.textAlign='left';
context.fillText(tx1, 200,100);

context.font="italic 50pt 굴림체";
context.textAlign='center';
context.strokeStyle="red";
context.lineWidth= 3;
context.strokeText(tx1,200,200);
```

제 11장
동아리 회원 가입신청서 만들기

· 학습 목표

이 장에서는 자바스크립트를 이용하여 HTML 문서의 내용을 변경하거나 사용자로부터 입력 받아 처리하는 방법중 DOM의 사용법에 대해 공부한다.

· 학습 내용

- 이벤트 처리하기, Form객체 활용

제 1 절 ID등록하기

다음과 같이 ID와 Password를 등록하는 프로그램을 작성한다.

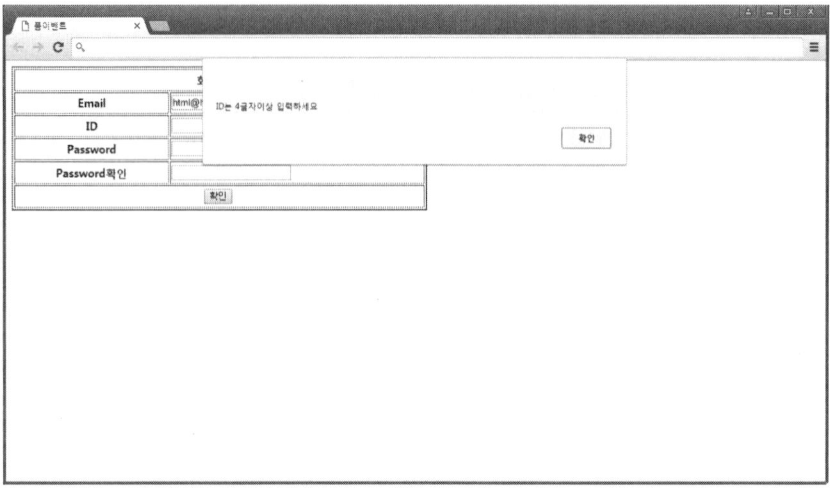

[step 1] 메모장을 열어서 HTML 문서의 기본 골격인 다음을 입력한다.

```
<html>
 <head>
  <meta charset="UTF-8">
   <title>폼 이벤트</title>
 </head>
<body>
</body>
</html>
```

[step 2] 테이블 태그와 폼태그를 이용하여 회원등록 표가 만들어지도록 다음 <body>에 있는 프로그램을 추가한다.

```
<html>
 <head>
  <meta charset="UTF-8">
   <title>폼 이벤트</title>
 </head>
 <body>
       <form name="form">
       <table border="2" width="600" height="200">
         <tr><th colspan="2"> 회원가입</th></tr>
                <tr><th>Email   </th><td>  <input   type="text"   name="email"   >
</td></tr>
                <tr><th>ID </th><td> <input type="text" name="id" onfocus="Alert();"
> </td></tr>
                <tr><th>Password</th><td>  <input  type="password"  name="pw"  >
</td></tr>
                <tr><th>Password확인</th><td> <input type="password" name="pw1"
onBlur="check();"></td></tr>
                <tr><th colspan="2"><input type="button" value="확인" > </th></tr>
                </table>
       </form>
 </body>
 </html>
```

[step 3] ID항목이 포커스를 가질 때 경고창을 띄우고, Password확인항목에서 포커스가 다른 곳으로 이동하면 패스워드가 같은지 체크하는 함수를 호출하도록 자바스크립트 작성한다.

```
<html>
 <head>  <meta charset="UTF-8">
   <title>폼 이벤트</title>
```

```
<script type="text/javascript">

            function Alert()
            {
                alert("ID는 4글자이상 입력하세요");
            }
            function check()
            {
                if(document.form.pw.value != document.form.pw1.value)
                alert("password가 일치하지 않습니다.");
            }
    </script>
</head>

<body>
    <form name="form">
    <table border="2" width="600" height="200">
      <tr><th colspan="2"> 회원가입</th></tr>
            <tr><th>Email </th><td> <input type="text" name="email" >
</td></tr>
            <tr><th>ID </th><td> <input type="text" name="id" onfocus="Alert();"
/> </td></tr>
            <tr><th>Password</th><td> <input type="password" name="pw" >
</td></tr>
            <tr><th>Password확인</th><td><input type="password" name="pw1"
onBlur="check();"></td></tr>
            <tr><th colspan="2"><input type="button" value="확인"> </th></tr>
      </table>
    </form>
  </body>
</html>
```

Tip. DOM (Document Object Model)

자바스크립트는 HTML 문서를 객체로 하는데 이 객체를 DOM이라고 한다.
일반 프로그래밍처럼 객체에 접근해서 값을 읽거나 저장하고 수정하는 작업으로 웹 브라우저나 HTML문서에 대한 처리를 수행한다.
DOM은 HTML문서 뿐만아니라 CSS 속성도 변경가능하다.

· **HTML 태그와 DOM**

HTML 문서를 DOM으로 표현할 때 태그 요소는 DOM의 객체로 태그의 속성은 DOM 객체의 속성으로 표현된다.

· **접근 방법**

자바스크립트에서 DOM을 통해 HTML 문서를 접근하는 방법은 다음 세 가지 방법으로 접근할 수 있다.

- forms속성을 이용해서 접근하는 방법
- 요소 이름을 이용해 접근하는 방법
- document객체의 getElementById() 메소드를 이용하는 방법

· **문서 객체를 선택하는 메소드**

- document.getElementById(아이디) : 아이디를 사용하여 문서 객체를 선택한다.
- document.querySelector(선택자) : 선택자(태그)를 사용하여 문서 객체를 선택한다.

[사용법]

```
  <script>
        window.onload = function() {       // 이벤트 연결
        var title= document.getElementById('title');    // 문서 객체 선택
        title.style.color= 'red';    // 문서 객체의 속성등을 변경
        title. innerHTML ='JavaScript'; // 태그의 내부를 의미하는 속성 (innerHTML)
};
 </script>
<body>
  <h1 id=title> 속성변경하기</h1>
</body>
```

문서 객체를 연결한 결고를 title에 저장한 후 title를 갖고 속성을 변경시킨다.

Tip. 이벤트 종류

· 마우스 이벤트

이벤트이름	속성	설명
click	onclick	요소를 클릭했을 때 발생
dblclick	ondblclick	요소를 더블클릭했을 때 발생
mousedown	onmousedown	마우스버튼을 누를 때 발생
mousemove	onmousemove	마우스를 이동시킬 때 발생
mouseover	onmouseover	마우스를 해당요소 위에 있을 때 발생
mouseout	onmouseout	마우스가 해당 요소를 벗어 날 때 발생
mouseup	onmouseup	마우스 커서를 해당요소 위에 위치시키고 마우스버튼을 뗄 때 발생

· 폼(form) 이벤트

이벤트이름	속성	설명
change	onchange	폼 요소의 콘텐츠 내용이 변경되었을 때
focus	onfocus	마우스로 선택 또는 입력 커서가 해당요소에 위치 할 때
blur	onblur	마우스 선택이 해제되거나 해동요소에서 커서가 다른 곳으로 이동할 때
reset	onreset	폼이 리셋 될 때
select	onselect	<input>와 <textarea>요소 내의 일부가 선택되었을 때
submit	onsubmit	폼이 실행될 때 발생

제 2 절 주문서 계산하기

다음과 같이 수량을 입력 후 합계계산 버튼을 클릭하면 합계가 수정되는 프로그램을 작성한다.

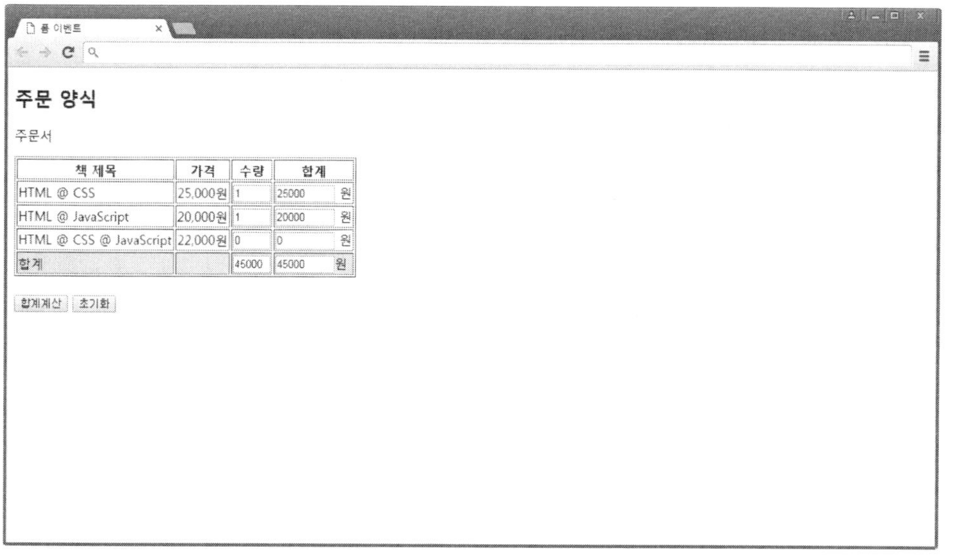

[step 1] 메모장을 열어서 HTML 문서의 기본 골격인 다음을 입력한다.

```
<html>
 <head>
  <meta charset="UTF-8">
   <title>폼 이벤트</title>
 </head>
<body>
</body>
</html>
```

[step 2] 테이블 태그와 form태그를 이용하여 다음과 같은 코드를 완성한다. 각 서적 수량을 표시하는 텍스트 박스를 클릭하면 그 값이 선택되어 마크되도록 하는 this.select() 메소드를 이용한다.

```
<html>
<head>
<meta charset="euc-kr">
<title> 폼 이벤트</title>
</head>
<body>
<h2> 주문 양식 </h2>
<form action="">
    <p> 주문서 </p>
    <table border="1">
        <tr> <th> 책 제목 </td> <th> 가격 </th> <th> 수량 </th> <th> 합계 </th>
</tr>
        <tr>
            <td> HTML @ CSS </td> <td> 25,000원 </td>
            <td> <input id="book1" type="text" size="2" value="0"
                            onclick="this.select();" > </td>
            <td> <input id="book1Total" type="text" size="6" value="0"/> 원</td>
        </tr>
        <tr>
            <td> HTML @ JavaScript </td> <td> 20,000원 </td>
            <td> <input id="book2" type="text" size="2" value="0"
                            onclick="this.select();"> </td>
            <td> <input id="book2Total" type="text" size="6" value="0"/> 원</td>
        </tr>
        <tr>
            <td> HTML @ CSS @ JavaScript </td> <td> 22,000원 </td>
            <td> <input id="book3" type="text" size= "2" value="0"
                            onclick="this.select();" > </td>
            <td> <input id="book3Total" type="text" size="6" value="0"/> 원</td>
        </tr>
        <tr bgcolor="yellow">
            <td> 합계 </td> <td>   </td>
            <td> <input id="totalNumber" type="text" size= "2" value="0"/> </td>
            <td> <input id="totalPrice" type="text" size="6" value="0"/>원</td>
        </tr>
    </table>
    <input type="button" value="합계계산" onclick="Cal();" >
```

```
    <input type="reset" value="초기화">
</form>
</body>
</hml>
```

[setp 3] 수량이 수정되고 버튼을 클릭하면 총 합계가 계산되어지도록 다음과 같이 자바스크립트 코드를 추가 한다.

```
<!DOCTYPE html>
<html>
<head>
<meta charset="euc-kr">
<title> 폼 이벤트</title>
</head>
<body>
<h2> 주문 양식 </h2>
<form action="">
    <p> 주문서 </p>
    <table border="1">
        <tr><th> 책 제목</td> <th> 가격 </th> <th> 수량 </th> <th> 합계 </th> </tr>
        <tr>
            <td> HTML @ CSS </td> <td> 25,000원 </td>
            <td> <input id="book1" type="text" size="2" value="0"
                            onclick="this.select();" /> </td>
            <td> <input id="book1Total" type="text" size="6" value="0"/> 원</td>
        </tr>
        <tr>
            <td> HTML @ JavaScript </td> <td> 20,000원 </td>
            <td> <input id="book2" type="text" size="2" value="0"
                            onclick="this.select();" /> </td>
            <td> <input id="book2Total" type="text" size="6" value="0"/> 원</td>
        </tr>
        <tr>
            <td> HTML @ CSS @ JavaScript </td> <td> 22,000원 </td>
```

```
            <td> <input id="book3" type="text" size= "2" value="0"
                              onclick="this.select();" /> </td>
            <td> <input id="book3Total" type="text" size="6" value="0"/> 원</td>
        </tr>
        <tr bgcolor="yellow">
            <td> 합계 </td> <td>   </td>
            <td> <input id="totalNumber" type="text" size= "2" value="0"/> </td>
            <td> <input id="totalPrice" type="text" size="6" value="0"/>원</td>
        </tr>
    </table> <br />
    <input type="button" value="합계계산" onclick="Cal();" >  <input type="reset"
value="초기화">
  </form>
  <script type="text/javascript">
  function Cal() {
    var n1 = document.getElementById("book1").value;
    var n2 = document.getElementById("book2").value;
    var n3 = document.getElementById("book3").value;

    var sum1 = 25000 * n1;
    var sum2= 20000 * n2;
    var sum3 = 22000 * n3;
    document.getElementById("book1Total").value = sum1;
    document.getElementById("book2Total").value = sum2;
    document.getElementById("book3Total").value = sum3;

    var totalNumber = parseInt(sum1) + parseInt(sum2) + parseInt(sum3);
    document.getElementById("totalNumber").value = totalNumber;
    var totalPrice = sum1 + sum2 + sum3;
    document.getElementById("totalPrice").value = totalPrice;
  }
  </script>

  </body>
  </html>
```

제 3 절 동아리 신청서 만들기

앞에서 학습한 이벤트 속성을 이용하여 다음과 같은 동아리 신청서를 만들어 보자.

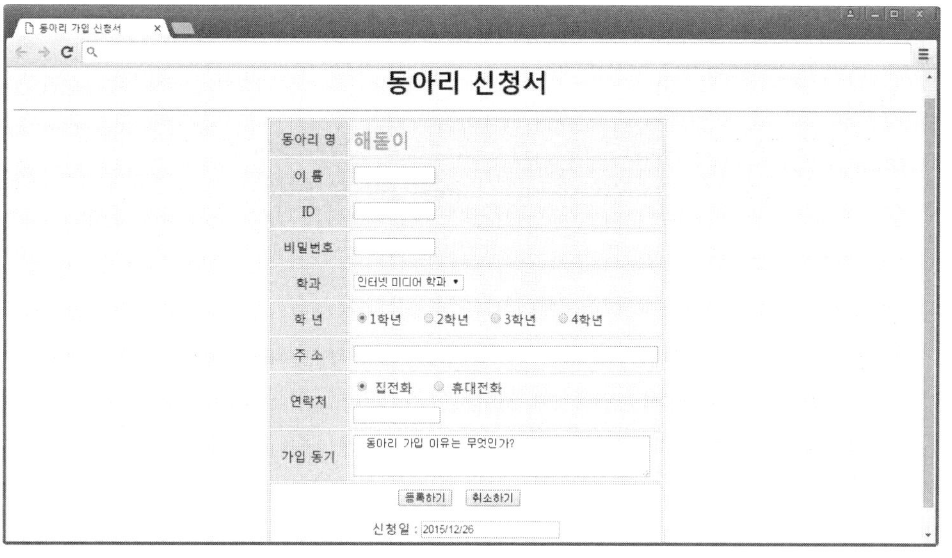

[step 1] 그림과 같은 화면이 나타날 수 있도록 <body>를 다음과 같이 작성한다.

```
<HTML>
 <HEAD>
 <meta charset="euc-kr">
 <TITLE> 동아리 가입 신청서 </TITLE>
</HEAD>

 <BODY BGCOLOR="#FFFFCC">
 <P ALIGN="center">
<FONT SIZE ="6"><B>동아리 신청서 </B></FONT>
 </P>
 <HR>
 <FORM NAME="membership">
```

```
<TABLE WIDTH="500" ALIGN="center" BORDER="1"
BORDERCOLOR="ADD8E6" CELLPADDING="5">
<TR>
<TD WIDTH="120" HEIGHT="30" ALIGN="center" BGCOLOR="#FFDEAD"> 동아리 명
</TD>
<TD WIDTH="380" BGCOLOR="#E0FFFF"> <FONT COLOR="orange" SIZE="5"> <B>
해돋이</B></FONT></TD> </TR>
<TR>
<TD HEIGHT="30" ALIGN="center" BGCOLOR="#FFDEAD">이 름 </TD>
<TD BGCOLOR="#E0FFFF"> <INPUT TYPE="text" SIZE="10" NAME="name"></TD>
</TR>

<TR>
<TD HEIGHT="30" ALIGN="center" BGCOLOR="#FFDEAD">ID </TD>
<TD BGCOLOR="#E0FFFF"> <INPUT TYPE="text" SIZE="10" NAME="id"
onfocus="Alert();"></TD> </TR>
<TR>
<TD HEIGHT="30" ALIGN="center" BGCOLOR="#FFDEAD">비밀번호 </TD>
<TD BGCOLOR="#E0FFFF"> <INPUT TYPE="text" SIZE="10" NAME="pwd"></TD>
</TR>

<TR>
<TD HEIGHT="30" ALIGN="center" BGCOLOR="#FFDEAD">학과</TD>
<TD BGCOLOR="#E0FFFF"> <SELECT NAME="major" SIZE="1">
<OPTION >인터넷 미디어 학과</OPTION>
<OPTION>사회 체육학과</OPTION>
<OPTION>외국어학부</OPTION>
<OPTION>컴퓨터 공학과</OPTION>
<OPTION>소프트웨어 공학과</OPTION>
</SELECT>
</TD> </TR>
<TR>
<TD HEIGHT="30" ALIGN="center" BGCOLOR="#FFDEAD">학 년</TD>
<TD BGCOLOR="#E0FFFF">
```

```
<INPUT TYPE="radio" VALUE="1" NAME="year1" CHECKED>1학년   
<INPUT TYPE="radio" VALUE="2" NAME="year2">2학년   
<INPUT TYPE="radio" VALUE="3" NAME="year3">3학년   
<INPUT TYPE="radio" VALUE="4" NAME="year4">4학년
</TD> </TR>

<TR>
<TD HEIGHT="30" ALIGN="center" BGCOLOR="#FFDEAD">주 소</TD>
<TD BGCOLOR="#E0FFFF"> <INPUT TYPE="text" SIZE="50" NAME="add"></TD>
</TR>
<TR>
<TD ROWSPAN="2" HEIGHT="30" ALIGN="center" BGCOLOR="#FFDEAD">연락처
</TD>
<TD BGCOLOR="#E0FFFF"><INPUT TYPE="radio" VALUE="home" NAME="tel"
CHECKED onBlur="isNum(this)"> 집전화   
<INPUT TYPE="radio" VALUE="pcs" NAME="tel" onBlur="isNum(this)" > 휴대전화
</TD> </TR>
<TR>
<TD BGCOLOR="#E0FFFF"> <INPUT NAME="tel1" SIZE="11"></TD> </TR>
<TR>
<TD HEIGHT="30" ALIGN="center" BGCOLOR="#FFDEAD">가입 동기</TD>
<TD BGCOLOR="#E0FFFF">
<TEXTAREA ROWS="3" COLS="50" NAME="motive">
 동아리 가입 이유는 무엇인가?</TEXTAREA>
</TD>
</TR>

 <TR>
<TD COLSPAN="2" ALIGN="center">
<INPUT TYPE="submit" VALUE="등록하기" onClick="check()">  
<INPUT TYPE="reset" VALUE="취소하기">   <br><p> 신청일 : <input
type="text" name="on_date" > </TD>
</TR>
</TABLE>
```

```
</FORM>
</BODY>
</HTML>
```

[step 2] 아래의 조건 등을 만족할 수 있도록 자바스크립트 코드 및 이벤트 속성을 추가한다.

- 조건1 : 가입신청서를 작성 할 때 신청서를 웹브라우저를 열을 때 신청일은 작동으로 오늘이 날짜가 나타날 수 있도록 지정한다.
- 조건2 : 아이디는 포커스를 받으면 alert창을 이용해 아이디를 6글자이상임을 알린다.
- 조건3 : 전화번호는 숫자로 입력할 수 있도록 입력후 포커스를 잃으면 경고창을 통해 알려준다.

```
<HTML>
 <HEAD>
 <meta charset="euc-kr">
 <TITLE> 동아리 가입 신청서 </TITLE>
<SCRIPT LANGUAGE="JavaScript">
//전화번는 숫자만 입력
 function isNum() {
 var intNum = membership.tel.value
 if(isNaN(intNum)) {
 alert('숫자만 입력가능합니다.');
 membership.tel.value='';
 membership.tel.focus();  }
 }
// ID가 포스를 가질 때 호출
  function Alert()                    {
                             alert("ID는 6글자이상 입력하세요");
                 }
//가입신청 버튼을 클릭할 때 호출되어 필수항목의 입력여부 체크
 function check() {
```

```
var strValue = "";
if (document.membership.name.value == strValue) {
 alert("이름 필수 입력");
document.join_membership.name.focus();
return false;
}
else if (document.membership.num.value == strValue) {
alert("학번 필수 입력");
document.membership.num.focus();
return false;
}
else if (document.membership.add.value == strValue) {
alert("주소 필수입력");
document.membership.add.focus();
return false;
}
else if (document.membership.tel1.value == strValue ) {
alert("연락처 필수입력");
document.membership.tel1.focus();
return false;
}
else {
alert("축하합니다. 회원등원이 완료되었습니다.");
return true; }
}

// 자동 신청 날짜 입력
function date()
                {
                        now = new Date();
                        year = now.getFullYear();
                        month= now.getMonth()+1;
                        day= now.getDate();
                        document.membership.on_date.value                    =
```

```
year+"/"+month+"/"+day;
                    }

  </SCRIPT>
  </HEAD>

   <BODY      BGCOLOR="#FFFFCC"       onload="on_date=setInterval('date()',1000);"
onunload="clearInterval(time);">
   <P ALIGN="center">
  <FONT SIZE ="6"><B>동아리 신청서 </B></FONT>
   </P>
   <HR>
   <FORM NAME="membership">
   <TABLE WIDTH="500" ALIGN="center" BORDER="1"
   BORDERCOLOR="ADD8E6" CELLPADDING="5">
  <TR>
  <TD WIDTH="120" HEIGHT="30" ALIGN="center" BGCOLOR="#FFDEAD"> 동아리 명
</TD>
   <TD WIDTH="380" BGCOLOR="#E0FFFF"> <FONT COLOR="orange" SIZE="5"> <B>
해돋이</B></FONT></TD> </TR>
  <TR>
   <TD HEIGHT="30" ALIGN="center" BGCOLOR="#FFDEAD">이 름 </TD>
   <TD BGCOLOR="#E0FFFF"> <INPUT TYPE="text" SIZE="10" NAME="name"></TD>
</TR>

   <TR>
   <TD HEIGHT="30" ALIGN="center" BGCOLOR="#FFDEAD">ID </TD>
   <TD   BGCOLOR="#E0FFFF">   <INPUT   TYPE="text"   SIZE="10"   NAME="id"
onfocus="Alert();"></TD> </TR>
   <TR>
   <TD HEIGHT="30" ALIGN="center" BGCOLOR="#FFDEAD">비밀번호 </TD>
   <TD BGCOLOR="#E0FFFF"> <INPUT TYPE="text" SIZE="10" NAME="pwd"></TD>
</TR>
  <TR>
```

```
<TD HEIGHT="30" ALIGN="center" BGCOLOR="#FFDEAD">학과</TD>
<TD BGCOLOR="#E0FFFF"> <SELECT NAME="major" SIZE="1">
<OPTION >인터넷 미디어 학과</OPTION>
<OPTION>사회 체육학과</OPTION>
<OPTION>외국어학부</OPTION>
<OPTION>컴퓨터 공학과</OPTION>
<OPTION>소프트웨어 공학과</OPTION>
</SELECT>
</TD> </TR>
<TR>
<TD HEIGHT="30" ALIGN="center" BGCOLOR="#FFDEAD">학 년</TD>
<TD BGCOLOR="#E0FFFF">
<INPUT TYPE="radio" VALUE="1" NAME="year1" CHECKED>1학년   
<INPUT TYPE="radio" VALUE="2" NAME="year2">2학년   
<INPUT TYPE="radio" VALUE="3" NAME="year3">3학년   
<INPUT TYPE="radio" VALUE="4" NAME="year4">4학년
</TD> </TR>

<TR>
<TD HEIGHT="30" ALIGN="center" BGCOLOR="#FFDEAD">주 소</TD>
<TD BGCOLOR="#E0FFFF"> <INPUT TYPE="text" SIZE="50" NAME="add"></TD>
</TR>
<TR>
<TD ROWSPAN="2" HEIGHT="30" ALIGN="center" BGCOLOR="#FFDEAD">연락처
</TD>
<TD BGCOLOR="#E0FFFF"><INPUT TYPE="radio" VALUE="home" NAME="tel"
CHECKED onBlur="isNum(this)"> 집전화   
<INPUT TYPE="radio" VALUE="pcs" NAME="tel" onBlur="isNum(this)" > 휴대전화
</TD> </TR>
<TR>
<TD BGCOLOR="#E0FFFF"> <INPUT NAME="tel1" SIZE="11"></TD> </TR>
<TR>
<TD HEIGHT="30" ALIGN="center" BGCOLOR="#FFDEAD">가입 동기</TD>
<TD BGCOLOR="#E0FFFF">
```

```
<TEXTAREA ROWS="3" COLS="50" NAME="motive">
 동아리 가입 이유는 무엇인가?</TEXTAREA>
</TD>
</TR>

 <TR>
<TD COLSPAN="2" ALIGN="center">
 <INPUT TYPE="submit" VALUE="등록하기" onClick="check()">  
 <INPUT TYPE="reset" VALUE="취소하기">   <br><p> 신청일 : <input type="text" name="on_date" > </TD>
 </TR>
 </TABLE>
</FORM>
</BODY>
</HTML>
```

제 12장

한글 카드 맞추기

· 학습 목표

이 장에서는 마우스를 이용하여 콘텐츠를 끌어다 놓을 수 있는 드래그 앤 드롭, 텍스트 편집관련 API를 공부한다.

· 학습 내용

- 드래그 앤 드롭, 텍스트편집, 이벤트 처리

제 1 절 드래그 앤 드롭을 이용한 카드 맞추기

다음과 같이 나열된 이미지를 보고 해당하는 한글카드로 이미지를 옮기는 프로그램을 작성한다.

[step 1] 메모장을 열어서 HTML 문서의 기본 골격인 다음을 입력한다.

```
<html>
 <head>
  <meta charset="UTF-8">
   <title>드래드 앤 드롭</title>
 </head>
<body>
</body>
</html>
```

[step 2] 4장의 이미지 영역과 이미지를 삽입하는 HTML문서를 작성한다.

```
<html>
<head>
 <meta charset="UTF-8">
  <title>드래드 앤 드롭</title>
 <style type="text/css">
    #div1{width: 100px; height: 100px;  float: left; margin-right:10px ;margin:10px;}
    #div2{width: 100px; height: 150px; border: 3px solid;
         float: left; margin-right:5px ;}
.layout {width: 500px; height: 100px; border: 2px solid;   }

 </style>
</head>
<body>
<h1> 한글 공부</h1>
<div>
 <div id="div1" ondrop="drop(event)" ondragover="dropset(event)">
 <img id="drag1" src="사과.jpg" width="75" draggable="true"
ondragstart="drag(event)">
 </div>
 <div id="div1" ondrop="drop(event)" ondragover="dropset(event)">
 <img id="drag2" src="배.jpg" width="75" draggable="true" ondragstart="drag(event)">
 </div>
  <div id="div1" ondrop="drop(event)" ondragover="dropset(event)">
 <img id="drag3" src="포도.jpg" width="75" draggable="true"
ondragstart="drag(event)">
 </div>
 <div id="div1" ondrop="drop(event)" ondragover="dropset(event)">
 <img id="drag4" src="수박.jpg" width="75" draggable="true"
ondragstart="drag(event)">
 </div>
</div>
 <p>
 <div class="layout">
  <div id="div2" ondrop="drop(event)" ondragover="dropset(event)"> <h3> 사과</h3>
```

```
</div>

    <div id="div2" ondrop="drop(event)" ondragover="dropset(event)"><h3> 수박</h3>
 </div>
    </div>

    <div id="div2" ondrop="drop(event)" ondragover="dropset(event)"><h3> 포도</h3>
 </div>
    </div>

    <div id="div2" ondrop="drop(event)" ondragover="dropset(event)">  <h3> 배</h3>
</div>

  </body>
  </html>
```

[step 3] 마우스를 이용하여 해당 카드에 이미지를 옮기기 위해 다음과 같이 자바스크립트 코드를 삽입한다.

```
  <html>
  <head>
    <meta charset="utf-8" />
    <title> 드래그 드롭 </title>
    <style type="text/css">
       #div1{width: 100px; height: 100px;  float: left; margin-right:10px ;margin:10px;}

          #div2{width: 100px; height: 150px; border: 3px solid;
            float: left; margin-right:5px ;}

   .layout {width: 500px; height: 100px; border: 2px solid;   }

    </style>
    <script type="text/javascript">
    function dropset(event)
    {
```

```
    event.preventDefault();
  }

  function drag(event)
  {
    event.dataTransfer.setData("Text", event.target.id);
  }

  function drop(event)
  {
    var data = event.dataTransfer.getData("Text");
    event.target.appendChild(document.getElementById(data));
    event.preventDefault();
  }
  </script>
</head>
<body>
<h1> 한글 공부</h1>
<div>
  <div id="div1" ondrop="drop(event)" ondragover="dropset(event)">
  <img id="drag1" src="사과.jpg" width="75" draggable="true" ondragstart="drag(event)">
  </div>
  <div id="div1" ondrop="drop(event)" ondragover="dropset(event)">
  <img id="drag2" src="배.jpg" width="75" draggable="true" ondragstart="drag(event)">
  </div>
   <div id="div1" ondrop="drop(event)" ondragover="dropset(event)">
  <img id="drag3" src="포도.jpg" width="75" draggable="true" ondragstart="drag(event)">
  </div>
  <div id="div1" ondrop="drop(event)" ondragover="dropset(event)">
  <img id="drag4" src="수박.jpg" width="75" draggable="true" ondragstart="drag(event)">
  </div>
 </div>
  <p>
```

```
<div class="layout">

  <div id="div2" ondrop="drop(event)" ondragover="dropset(event)"> <h3> 사과</h3>
</div>

  <div id="div2" ondrop="drop(event)" ondragover="dropset(event)"><h3> 수박</h3>
 </div>
  </div>

  <div id="div2" ondrop="drop(event)" ondragover="dropset(event)"><h3> 포도</h3>
 </div>
  </div>

  <div id="div2" ondrop="drop(event)" ondragover="dropset(event)">  <h3> 배</h3>
</div>

 </body>
</html>
```

Tip. 이벤트

키보드를 누르거나 마우스 클릭을 통해 프로그램에 어떤 영향을 미치는 것을 이벤트라고 한다. 이벤트는 사용자가 직접 발생시킬 수도 있고 응용 프로그램에서 자체적으로 발생시킬 수도 있다. 자바스크립트에서는 마우스이벤트, 키보드 이벤트, HTML프레임이벤트, 입력양식 이벤트, 유저 인터페이스 이벤트, 터치이벤트를 기본적으로 지원한다.

이벤트관련 코드는 다음과 같은 구조를 갖고 있다.

```
window.onload =  Function(이벤트객체 ) { . . . }
     ↓                                   ↓
  이벤트 속성                          이벤트 핸들러
```

Tip. 드래그 앤 드롭

드래그 앤 드롭 기능을 위해서는 이벤트를 컨트롤해야 하며 드래그앤 드롭을 할 때 전달하는 데이터도 지정해야한다. 드래그앤 드롭을 이용하기 위해서는 각각의 속성을 지정해야한다. 드래그 속성을 지정하기 위해서는 draggable속성을 사용한다.

· 드래그 앤 드롭 관련 이벤트

-dragstart : 드래그 시작
-drag : 드래그 중에 발생
-dragend : 종료했을 때
-dragenter : 드래그 요소가 드롭 요소 범위 안에 들어 올때
-dragleave : 드래그 요소가 드롭 요소 범위 밖으로 나갔을 때
-dragover : 드래그 요소가 드롭 요소 위에 있을 때
-drop : 드롭 하였을 때

· 데이턴 전달

드래그 앤 드롭으로 교환하기 위해서는 DataTransfer객체를 사용한다.

드래그를 시작할 때에는 DataTransfer객체의 setData()메소드를 사용하여 데이터를 저장하고 전달된 데이터는 드롭할 때 DataTransfer 객체의 getData()메소드를 사용하여 데이터를 가져온다.

- clearData(type) : 드래그 앤 드롭에 사용할 데이터 초기화
- setData(type, data) : 새로운 요소 정의
- getData(type) : setData()에 정의된 요소와 데이터를 가져옴

 * setData()메소드의 type과 getData()메소드의 type은 같아야 한다.
 * type의 종류는 Text, URL, Files가 있다.

· 사용법

- 드래그이벤트 발생시 drag(event) 메소드를 호출하도록 ondragstart지정

```
< img src="sm.jpg" width="50"
  draggable="true" ondragstart="drag(event)" >

<script type="text/javascript">
   function drag(event) {
       event.dataTransfer,setData("Text", event.target.id);
   }
</script>
```

제 2 절 간단한 텍스트 편집기 만들기

다음과 같이 간단한 텍스트 편집기 프로그램을 작성한다.

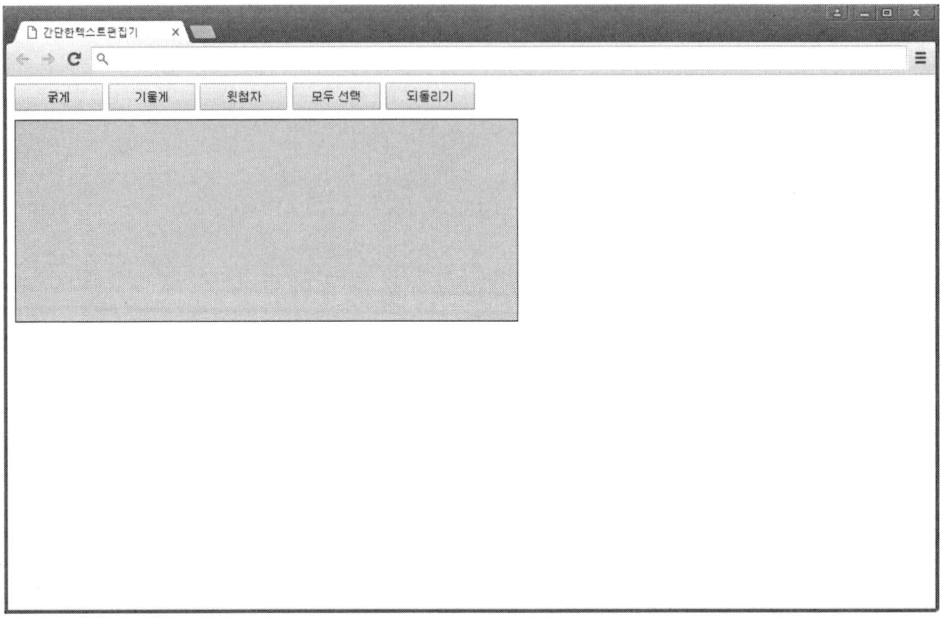

[step 1] 메모장을 열어서 HTML 문서의 기본 골격인 다음을 입력한다.

```
<html>
 <head>
  <meta charset="UTF-8">
   <title>간단한 텍스트편집기</title>
 </head>
<body>
</body>
</html>
```

[step 2] **〈input〉**태그를 이용해 **4**개의 버튼을 만들고, 문자를 입력을 위해 **〈div〉**태그를 이용하여 문자입력 영역을 지정한다. 이 영역을 설정 시 편집이 가능하도록 속성을 **contenteditable**로 지정한다.
버튼과 문자입력 영역 지정은 다음 소스에서처럼 **css** 스타일로 지정한다.

```
<html>
 <head>
  <meta charset="UTF-8">
   <title>간단한 텍스트편집기</title>
 <style type="text/css">
    div.item{ float:left;margin:0 3px; padding:10px border;2px solid black;}
    input {width: 100px; height: 30px;}
       #editor {width: 550px; height: 200px; border: 1px solid; margin-right:10px;
padding:10px; margin-top:10px; background-color:lightgray}
  </style>

 </head>
<body>
    <div id="item" ondrop="drop(event)" ondragover="dropset(event)">
 <input type="button" value="굵게" onclick="setBold();" id="btnBold" draggable="true"
ondragstart="drag(event)">
 <input type="button" value="기울게" onclick="setItalic();" id="btnItalic"
draggable="true" ondragstart="drag(event)">
 <input type="button" value="윗첨자" onclick="setsuperscript();" id="btnscript"
draggable="true" ondragstart="drag(event)">
   <input type="button" value="모두 선택" onclick="setSelectAll();" id="btnSelect"
draggable="true" ondragstart="drag(event)">
     <input type="button" value="되돌리기" onclick="setUndo();" id="btnUndo"
draggable-"truc" ondragstart="drag(event)">
          </div>
    <div id="editor" contenteditable></div>
</body>
</html>
```

[step 3] 문자열을 지정 후 속성을 적용하기 위해 다음과 같이 자바스크립트 코드를 삽입한다.

```
<html>
<head>
  <meta charset="utf-8">
  <title> 간단한텍스트편집기 </title>
  <style type="text/css">
    div.item{ float:left;margin:0 3px; padding:10px border;2px solid black;}
    input {width: 100px; height: 30px;}
        #editor {width: 550px; height: 200px; border: 1px solid; margin-right:10px;
padding:10px; margin-top:10px; background-color:lightgray}
  </style>

  <script type="text/javascript">
  window.onload = function()
  {
    var editor = document.getElementById("editor");
    if (editor.isContentEditable)
    {
      editor.focus();
    }
  };

  function setBold()
  {
    document.execCommand("bold");
  }

  function setItalic()
  {
    document.execCommand("italic");
  }
  function setSelectAll()
```

```
{
  document.execCommand("selectAll");
}

function setUndo()
{
  document.execCommand("undo");
}

function setsuperscript()
{
  document.execCommand("subscript");
}

function setUndo()
{
  document.execCommand("undo");
}

function dropset(event)
{
  event.preventDefault();
}

function drag(event)
{
  event.dataTransfer.setData("text", event.target.id);
}

function drop(event)
{
  var data = event.dataTransfer.getData("text");
  event.target.appendChild(document.getElementById(data));
  event.preventDefault();
```

```
    }
    </script>
  </head>
  <body>
      <div id="item" ondrop="drop(event)" ondragover="dropset(event)">
            <input type="button" value="굵게" onclick="setBold();" id="btnBold"
draggable="true" ondragstart="drag(event)">
        <input type="button" value="기울게" onclick="setItalic();" id="btnItalic"
draggable="true" ondragstart="drag(event)">
           <input type="button" value="윗첨자" onclick="setsuperscript();" id="btnscript"
draggable="true" ondragstart="drag(event)">
        <input type="button" value="모두 선택" onclick="setSelectAll();" id="btnSelect"
draggable="true" ondragstart="drag(event)">
        <input type="button" value="되돌리기" onclick="setUndo();" id="btnUndo"
draggable="true" ondragstart="drag(event)">
           </div>
      <div id="editor" contenteditable></div>
  </body>
  </html>
```

Tip. 텍스트 편집 속성

· 속성
- contenteditable : 특정 요소의 내용을 편집할 수 있다.
- designMode : 페이지 전체에 편집 속성을 부여할 때 사용한다.

· execCommand() 메소드

편집이 가능하도록 지정한 상태에서 execCommand() 메소드를 사용하여 텍스트를 편집할 수 있다.

- 사용법

  document.execCommand(commandId, showUI, value);
- commandId : 선택한 텍스트에 대한 명령
- showUI : commandI에 대한 UI 표시여부
- Value : 추가 정보 지정

· CommandId 값
- bold : 문자열 굵게 변경
- createLink : 문자열 하이퍼링크로 변경
- delete : 커서 앞의 문자 삭제
- forwardDelete : 커서 뒤의 문자 삭제
- formatBlock : 선택한 문자열을 지정한 태그 또는 문자로 앞뒤로 삽입
- insertImage : 커서가 위치한 곳에 이미지 삽입
- insertHTML : 커서한 위치한 곳에 HTML삽입
- insertLineBreak : 커서가 위치한 곳에 줄바꿈 삽입
- insertOrderedList : 순서가 있는 리스트 삽입
- insertUnorderedList: 순서가 없는 리스트 삽입
- insertText : 문자 삽입
- italic : 이텔리체로 변경
- redo : undo 재실행
- undo : 실행 취소
- selectAll : 모든 콘텐츠 선택
- subscript/ superscript : 아래첨자 / 윗첨자

· 텍스트 편집 관련 메소드

queryCommandEnable() : 지정한 명령어를 실행 여부 반환
queryCommandIndeterm(): 지정한 명령어의 효과가 일정한가 여부
queryCommandState() : 지정한 명령어의 상태 반환
queryCommandSupported() : 지원 여부 반환
queryCommandValue(): 지정한 명령어의 gusw 값 반환

· 텍스트 선택 상태에 대한 정보를 가져오기 위해서는 window객체나 document객체의 getSelection()메소드를 사용하여 객체를 생성해야 한다.
- 사용법

  window.getSelection();

제 3 절. 간단한 HTML편집기 만들기

다음과 같이 HTML문서를 열어 웹브라우저로 실행시키기는 프로그램을 작성한다.

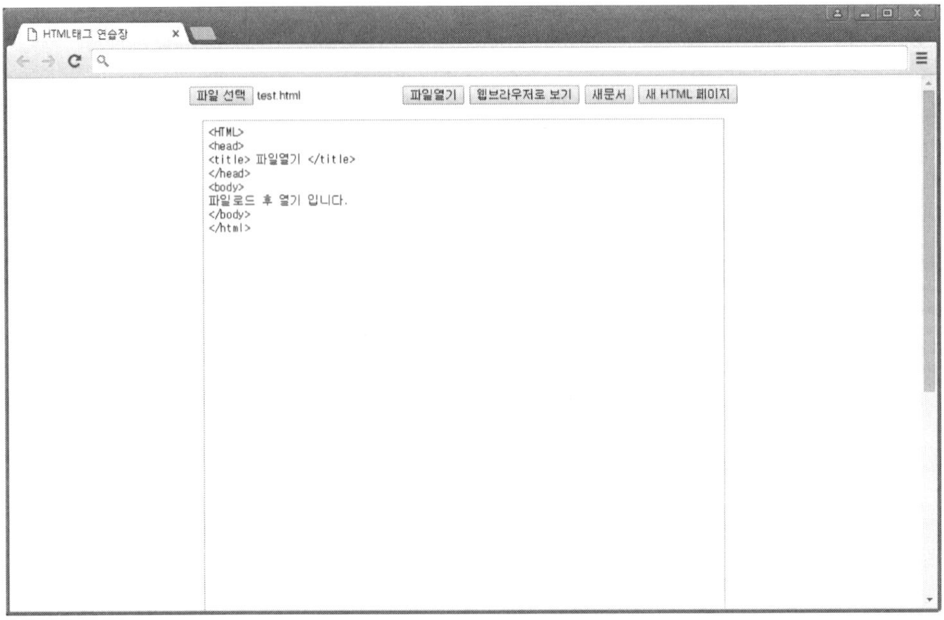

[step 1] 메모장을 열어서 HTML 문서의 기본 골격인 다음을 입력한다.

```
<html>
 <head>
  <meta charset="UTF-8">
   <title>HTML 편집기</title>
 </head>
<body>
</body>
</html>
```

[step 2] <input>태그를 이용하여 버튼을 만들고, 문자를 입력을 위해 <textarea>태그를 이용하여 기본 폼을 생성한다.

```
<html>
 <head>
  <meta charset="UTF-8">
   <title>HTML 편집기</title>
 </head>
<body>
<CENTER>
        <FORM NAME="form">
        <INPUT id="file" TYPE="file">
         <INPUT TYPE="button" VALUE="파일열기" onClick="fileinfo()">
        <INPUT TYPE="button" VALUE="웹브라우저로 보기" onClick="Html_Display()">
        <INPUT TYPE="button" VALUE="새문서" onClick="Clear()">
        <INPUT TYPE="reset" VALUE="새 HTML 페이지">
        <P>
        <TEXTAREA    id="editor"    COLS="80"    NAME=editor    ROWS="60"
STYLE="padding:5; border: 2 silver solid;">

        &lt;html&gt;

        &lt;head&gt;
        &lt;title&gt; &lt;/title&gt;
        &lt;/head&gt;

        &lt;body&gt;
        &lt;/body&gt;

        &lt;/html&gt;
</TEXTAREA>
</FORM>
</CENTER>
</body>
</html>
```

[step 3] 파일을 열거나, HTML문서를 편집하여 브라우저에 실행시키기 위해 다음과 같이 자바스크립트 코드를 삽입한다.

```
<HTML>
<HEAD>
<TITLE> HTML태그 연습장 </TITLE>
<SCRIPT LANGUAGE="JavaScript">
function Html_Display()
       {
                          win=window.open("","","width=400,height=300");
                          win.document.write( document.form.editor.value);
                          return true;
               }

function Clear()
               {
                          document.form.editor.value="";
                          return 0;
               }

function fileinfo()
  {
    var file = document.getElementById("file").files[0];

    var reader = new FileReader();
    reader.readAsText(file, "utf-8");

    reader.onload = function()
    {
      var view = document.getElementById("editor");
      view.textContent = reader.result;
    };
  }
</SCRIPT>
```

```
</HEAD>

<BODY>
        <CENTER>
        <FORM NAME="form">
        <INPUT id="file" TYPE="file">
         <INPUT TYPE="button" VALUE="파일열기" onClick="fileinfo()">
        <INPUT TYPE="button" VALUE="웹브라우저로 보기" onClick="Html_Display()">
        <INPUT TYPE="button" VALUE="새문서" onClick="Clear()">
        <INPUT TYPE="reset" VALUE="새 HTML 페이지">
        <P>
        <TEXTAREA id="editor" COLS="80" NAME=editor ROWS="60"
STYLE="padding:5; border: 2 silver solid;">

&lt;html&gt;

&lt;head&gt;
&lt;title&gt; &lt;/title&gt;
&lt;/head&gt;

&lt;body&gt;
&lt;/body&gt;

&lt;/html&gt;
                </TEXTAREA>
        </FORM>
        </CENTER>
</BODY>

</HTML>
```

제 13장

웹스토리지와 데이터베이스

· 학습 목표

장에서는 HTML에서 정보를 저장하거나 저장된 정보를 조회할수 있는 웹스토리지, 인덱스드 데이터베이스에 대한 전반적인 내용에 대해 학습을 하도록 한다.

· 학습 내용

- localStorage, seesionStorage 및 Indexed database

제 1 절 로컬스토리지에 데이터 저장하기

다음과 같이 로컬스토리지(local storage)를 이용하여 이름과 전화번호를 출력하는 페이지를 만들어 보기로 한다.

[step 1] 메모장을 열어서 HTML 문서의 기본 골격인 다음을 입력한다.

```
<html>
 <head>
  <meta charset="UTF-8">
   <title>웹스토리지_로컬스토리지저장</title>
 </head>
<body>
</body>
</html>
```

[step 2] 이름과 전화번호를 저장, 조회, 삭제를 위해서 다음과 같이 입력한다.

```
<html>
 <head>
  <meta charset="UTF-8">
   <title>웹스토리지_로컬스토리지저장</title>
 </head>
<body>
<h2> 전화번호관리</h2>

  이름 : <input type="text" id="name"><p>
  번호 : <input type="text" id="num"><br><br>
  <input type="button" onclick="setData()" value="저장">
  <input type="button" onclick="getData()" value="조회">
  <input type="button" onclick="deletData()" value="모두 삭제">
  <hr>
   <textarea id="result" cols="40" rows="5"></textarea>
</body>
</html>
```

[step 3] 웹문서로부터 입력받은 데이터를 저장 및 조회를 위해 정보를 localStrorage에 저장하기 위해 다음과 같이 자바스크립트 코드를 입력한다.

```
<html>
 <head>
  <meta charset="UTF-8">
   <title>웹스토리지_로컬스토리지저장</title>
<script type="text/javascript">
    function setData()
    {
      var name = document.getElementById("name");
      var number = document.getElementById("num");
      localStorage.setItem(name.value, number.value);
```

```
        alert("데이터 저장이 완료되었습니다.");
      }

      function getData()
      {
            var data = document.getElementById("result");
            var name = document.getElementById("name");
            var number=localStorage.getItem(name.value);
            data.value="";
             data.value = name.value + "    " ;
             data.value += number;
                   }

      function deletData()
      {
        localStorage.clear();
        alert("모든 데이터를 삭제하였습니다.");
      }
    </script>
   </head>
  <body>
  <h2> 전화번호관리 </h2>

    이름 : <input type="text" id="name"><p>
    번호 : <input type="text" id="num"><br><br>
    <input type="button" onclick="setData()" value="저장">
    <input type="button" onclick="getData()" value="조회">
    <input type="button" onclick="deletData()" value="모두 삭제">
    <hr>
     <textarea id="result" cols="40" rows="5"></textarea>
  </body>
  </html>
```

데이터를 저장 후 웹스토리지에 저장된 데이터는 아래와 같다.

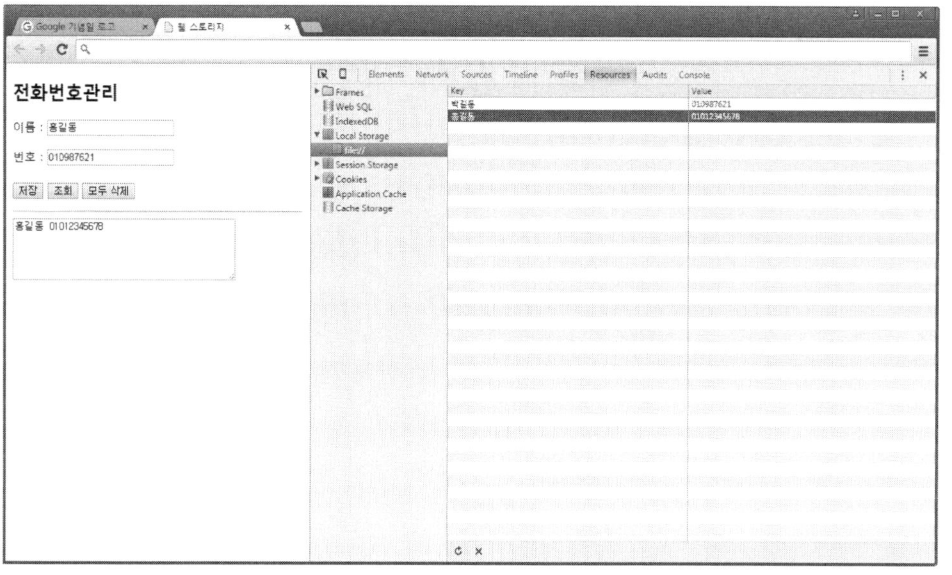

Tip. **웹 스토리지**(Web storage)

웹 스토리지는 웹브라우저에 자료를 저장하기 위한 기능이다. 웹스토리지가 나오기 전에는 쿠키를 이용하여 간단한 정보를 사용자의 시스템에 저장하여 사용하였다. 웹 스토리지에는 크게 로컬스토리지와 세션스토리지가 있다. 두 스토리지의 가장 큰 차이점은 보존기간의 차이라고 할수 있다.
웹스토리지에 저장된 데이터는 웹브라우저에서 [개발자도구-리소스탭]에서 볼 수 있다.

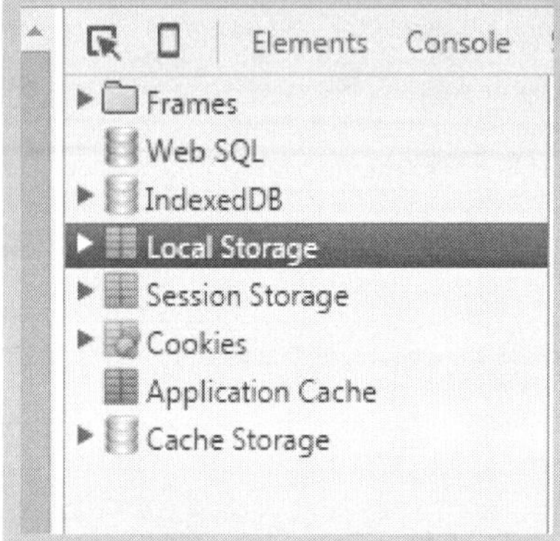

웹 스토리지 관련 메소드 및 속정

- length : 저장된 항목의 개수
- key(index) : 지정된 인덱스의 키를 반환(값이 없으면 null)
- getItem() : 지정된 키의 자료를 반환
- setItem() : 지정된 키에 자료를 저장
- removeItem() : 지정된 키의 자료를 삭제
- clear() : 모든 자료 삭제

Tip. 로컬스토리지

로컬스토리지는 window.localStorage객체를 통해 메소드와 속성을 사용할 수 있다. 만약 웹브라우저에서 로컬스토리지를 지원하지 않으면 이 객체는 제공되지 않는다.

로컬스토리지는 키와 값을 저장하기 위해 setItem()메소드와 키를 통해 직접 값을 저장할수 있다.

· **사용 방법**

localStorage.setItem(키이름, 문자열값);

localStorage.키이름=문자열값;

localStorage[문자열값]=문자열값;

- 사용예

localStorage.setItem("홍길동", "1234");

localStorage.홍길동="1234";

localStorage[홍길동]="1234";

제 2 절 섹션스토로지에 데이터 저장하기

다음과 같이 섹션스토리지(session storage)를 이용하여 영화제목과 제작년도를 저장 및 출력하는 페이지를 만들어 보기로 한다.

[step 1] 메모장을 열어서 HTML 문서의 기본 골격인 다음을 입력한다.

```
<html>
 <head>
  <meta charset="UTF-8">
   <title>웹스토리지_섹션스토리지저장</title>
 </head>
<body>
</body>
</html>
```

[step 2] 저장된 데이터를 조회 및 삭제하기 위해 다음과 같이 입력한다.

```
<html>
<head>
 <meta charset="UTF-8">
  <title>데이터베이스</title>
</head>
<body>
<h1>영화목록</h1>
<p> 제목 : <input id="name" type="text" size="20" /> </p>
<p> 제작년도 : <input id="count" type="number" size="20" /> </p>
<p>
<input type="button" value="저장" id="Save" onClick="SaveValue()" />
<input type="button" value="조회" id="Load" onClick="LoadValue()" />
<input type="button" value="모두 보기" id="AllLoad" onClick="AllLoadValue()" />
<input type="button" value="모두 삭제" id="AllDelete" onClick="DeleteValue()" />
<hr>
<textarea style="width:400; height:200;" id="tab"></textarea>
</body>
</html>
```

[step 3] 웹문서로부터 입력받은 데이터를 저장 및 조회를 위해 정보를 sessionStrorage에 저장하기 위해 다음과 같이 자바스크립트 코드를 입력한다.

```
<html>
<head>
<meta charset=utf-8>
<title>섹션데이터 관리</title>
<script type="text/javascript">

window.onload = function(){};

var dbCount = 0;
```

```
function SaveValue(){
        var key = document.getElementById("name");
        var value = document.getElementById("count");
        dbCount++;
        sessionStorage.setItem(key.value, value.value);
        alert(key.value + " 저장 완료");
}

function LoadValue(){
        var key = document.getElementById("name");
        var value = sessionStorage.getItem(key.value);

        document.getElementById("tab").innerHTML = key.value + " " + value;
}

function DeleteValue() {
        dbCount= 0;
        sessionStorage.clear();

        alert("모든 데이터를 삭제하였습니다.");
}

function AllLoadValue() {
        document.getElementById("tab").innerHTML = "";
        for(var i = 0; i < sessionStorage.length; i++) {
                var key = sessionStorage.key(i);
                var value = sessionStorage.getItem(key);
                if(i == sessionStorage.length-1) {
                        document.getElementById("tab").innerHTML += key + " " +
value;
                }
                else {
                        document.getElementById("tab").innerHTML += key + " " +
value + ", ";
```

```
                }
        }


}

function listAllItems(){
    for (i=0; i<=localStorage.length-1; i++)
    {
        key = sessionStorage.key(i);
        val = sessionStorage.getItem(key);
    }
}
</script>

</head>

<body>
<h1>영화목록</h1>
<p> 제목 : <input id="name" type="text" size="20" /> </p>
<p> 제작년도 : <input id="count" type="number" size="20" /> </p>
<p>
<input type="button" value="저장" id="Save" onClick="SaveValue()" />
<input type="button" value="조회" id="Load" onClick="LoadValue()" />
<input type="button" value="모두 보기" id="AllLoad" onClick="AllLoadValue()" />
<input type="button" value="모두 삭제" id="AllDelete" onClick="DeleteValue()" />
<hr>
<textarea style="width:400; height:200;" id="tab"></textarea>
</body>
</html>
```

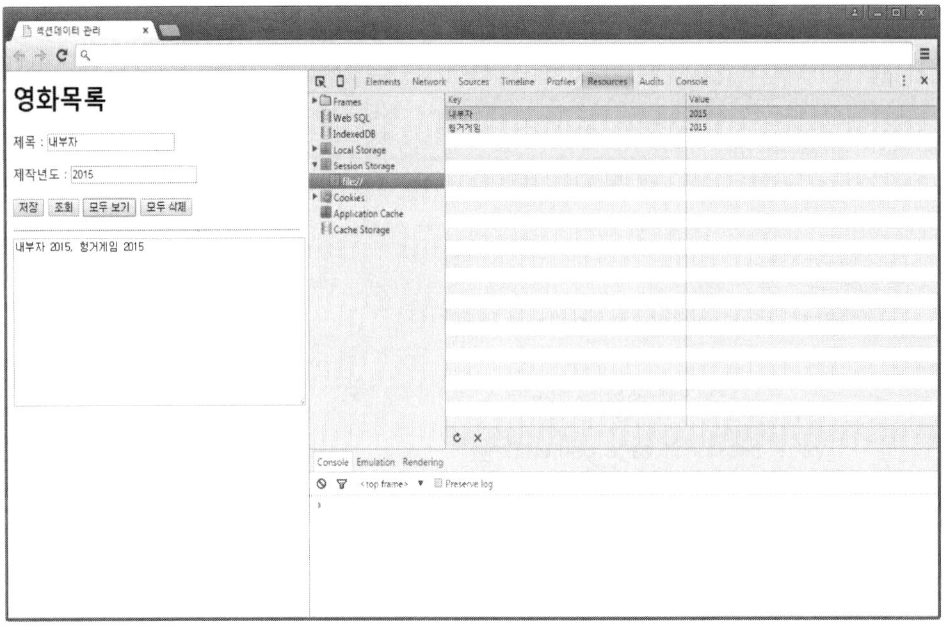

Tip. 섹션스토리지

섹션스토리지는 window.sessionStorage객체를 통해 메소드와 속성을 사용할 수 있다. 만약 웹브라우저에서 섹션스토리지를 지원하지 않으면 이 객체는 제공되지 않는다.

섹션스토리지 객체가 제공하는 메소드, 속성, 이벤트는 로컬스토리지와 동일하다. 다만 섹션스토리지는 웹브라우저가 종료되면 저장된 자료가 삭제된다.

· 사용 방법

sessionStorage.setItem(키이름, 문자열값);

sessionStorage.키이름=문자열값;

sessionStorage[문자열값]=문자열값;

- 사용예

sessionStorage.setItem("홍길동", "1234");

sessionStorage.홍길동="1234";

sessionStorage[홍길동]="1234";

제 3 절 성적 입력 및 조회하기

다음과 같이 웹 SQL를 이용하여 시험성적을 저장하고 출력하는 페이지를 만들어 보도록 한다.

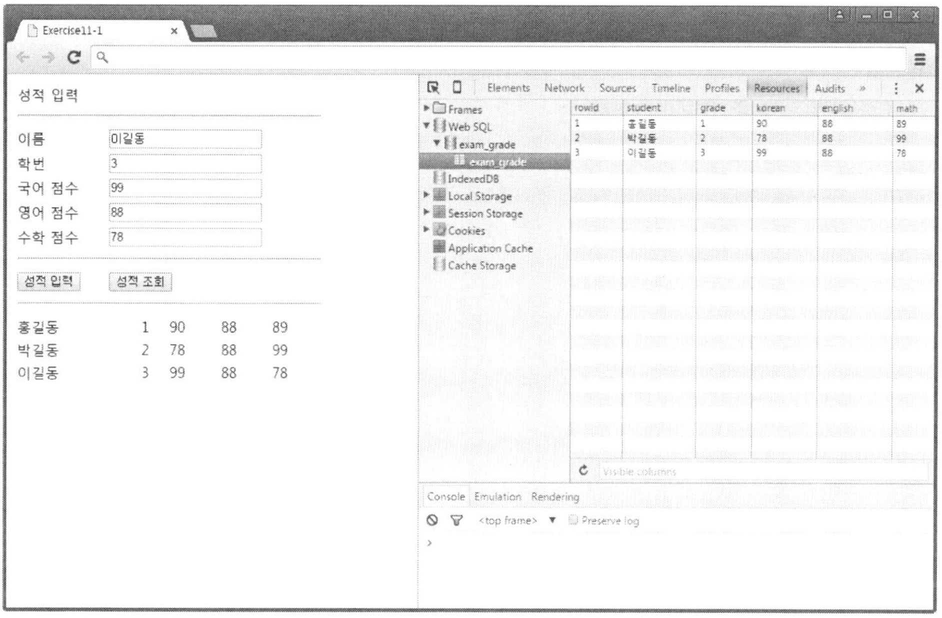

[step 1] 메모장을 열어서 HTML 문서의 기본 골격인 다음을 입력한다.

```
<html>
 <head>
  <meta charset="UTF-8">
   <title>웹데이터베이스</title>
 </head>
<body>
</body>
</html>
```

[step 2] 저장된 데이터를 조회 및 삭제하기 위해 다음과 같이 입력한다.

```
<html>
 <head>
  <meta charset="UTF-8">
   <title>데이터베이스</title>
 </head>
<body>
    <table  style="width: 350px">
      <tr>
        <td colspan="2">성적 입력</td>
      </tr>

      <tr>
        <td colspan="2"><hr></td>
      </tr>

      <tr>
        <td>이름</td>
        <td><input type="text" id="student"></td>
      </tr>

      <tr>
        <td>학번</td>
        <td><input type="text" id="grade"></td>
      </tr>

      <tr>
        <td>국어 점수</td>
        <td><input type="text" id="korean"></td>
      </tr>

      <tr>
        <td>영어 점수</td>
```

```
            <td><input type="text" id="english"></td>
          </tr>

          <tr>
            <td>수학 점수</td>
            <td><input type="text" id="math"></td>
          </tr>
          <tr>
            <td colspan="2"><hr></td>
          </tr>
          <tr>
            <td><input type="button" onclick="insertData()" value="성적 입력"></td>
            <td ><input type="button" onclick="viewData()" value="성적 조회"></td>
          </tr>
          <tr>
            <td colspan="2"><hr></td>
          </tr>
        </table>
        <table id="viewData" style="width: 350px"></table>
    </body>
</html>
```

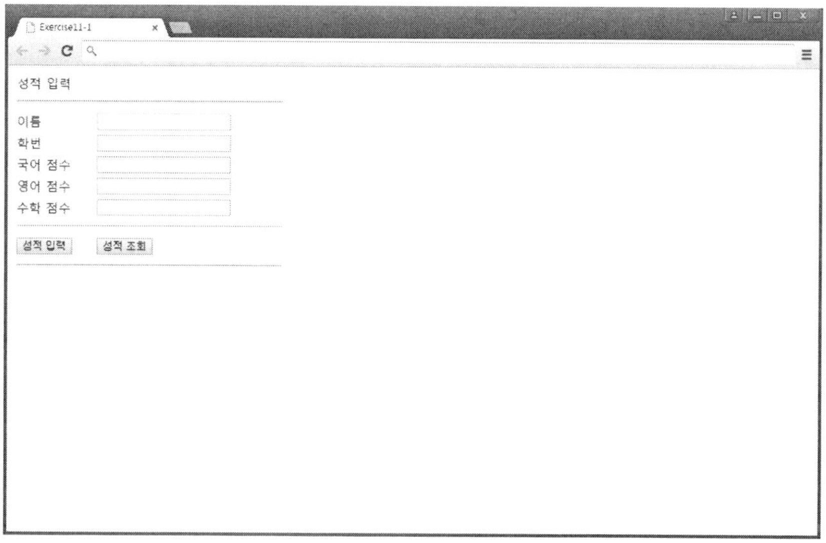

[step 3] 웹문서로부터 입력받은 데이터를 저장 및 조회를 위해 정보를 WebSQL에 저장하기 위해 다음과 같이 자바스크립트 코드를 입력한다.

```
<html>
 <head>
  <meta charset="UTF-8">
   <title>웹데이터베이스</title>
<script type="text/JavaScript">
    var db;
    window.onload = function()
    {
      db = openDatabase("exam_grade", "1.0", "exam database", 1024*1024);
      db.transaction(exeCreate);
    }

    function exeCreate(tx)
    {
      tx.executeSql("create table exam_grade(student, grade, korean, english, math)");
    }

    function insertData()
    {
      db.transaction(exeInsert);
    }

    function exeInsert(tx)
    {
      tx.executeSql("insert into exam_grade values(?,?,?,?,?)",
              [student.value, grade.value, korean.value, english.value, math.value]);
    }

    function viewData()
    {
      db.transaction(exeSelect);
    }
```

```
        function exeSelect(tx)
        {
          tx.executeSql("select * from exam_grade", [], viewTable);
        }

        function viewTable(tx, rs)
        {
          for(var i = 0; i < rs.rows.length; i++)
          {
            var row = rs.rows.item(i);
            document.getElementById("viewData").innerHTML +=
              "<tr><td>" + row["student"] + "</td><td>" + row["grade"] + "</td><td>" +
                         row["korean"] + "</td><td>" + row["english"] + "</td><td>" +
row["math"] + "</td></tr>";
          }
        }
        </script>
    </head>
  <body>
        <table  style="width: 350px">
          <tr>
            <td colspan="2">성적 입력</td>
          </tr>

          <tr>
            <td colspan="2"><hr></td>
          </tr>

          <tr>
            <td>이름</td>
            <td><input type="text" id="student"></td>
          </tr>

          <tr>
            <td>학번</td>
            <td><input type="text" id="grade"></td>
```

```
        </tr>

        <tr>
          <td>국어 점수</td>
          <td><input type="text" id="korean"></td>
        </tr>

        <tr>
          <td>영어 점수</td>
          <td><input type="text" id="english"></td>
        </tr>

        <tr>
          <td>수학 점수</td>
          <td><input type="text" id="math"></td>
        </tr>
        <tr>
          <td colspan="2"><hr></td>
        </tr>
        <tr>
          <td><input type="button" onclick="insertData()" value="성적 입력"></td>
          <td ><input type="button" onclick="viewData()" value="성적 조회"></td>
        </tr>
        <tr>
          <td colspan="2"><hr></td>
        </tr>
      </table>
      <table id="viewData" style="width: 350px"></table>
</body>
</html>
```

Tip. Indexed Database

인덱스드 데이터베이스는 자료를 사용자에 저장하기 위한 것이다. 웹 스토리지와 비슷하게 키와 자료의 쌍으로 저장한다. 인덱스드 데이터베이스는 저장되는 키와 자료에 인덱스를 줄 수 있으며 키와 인덱스로 자료 읽기와 쓰기가 가능하다.

· 웹SQL

웹SQL은 웹브라우저에서 데이터 관리를 위해 SQL을 지원하는 데이터베이스 API이다. 웹SQL을 사용하기 위해 다음 함수를 이용하여 명령문을 실행한다.

- openDatabase() : 자료관리를 위하 Sql 데이터베이스 객체를 반환
- transaction() : 데이터베이스에 대한 연산을 제어
- executeSql() : openDatabase()함수에서 반환한 데이터베이스객체를 대상으로 SQL문 실행

· 사용법

- openDatabase(데이터베이스이름,버전, 데이터베이스설명, 데이터베이스크기)
  : 데이터베이스저장을 한 공간을 생성한다.

예]

```
var db=openDatabase("booktitle",'1.0','Booktitle DB', 1024*1024);
```

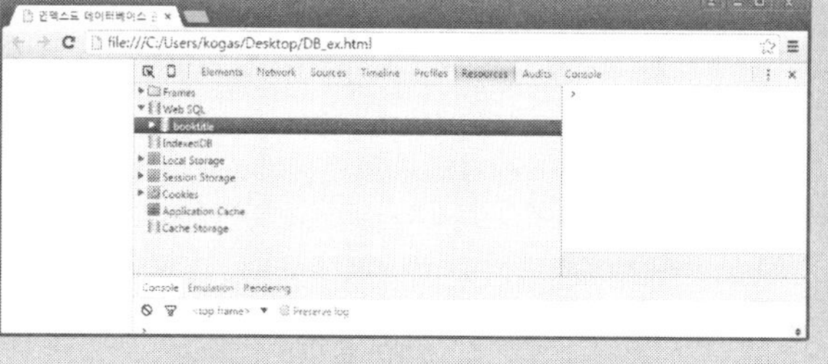

- 데이터베이스 객체.transaction(function(tx) {sql문실행},
  function(error){에러처리},
  function(){ 트랜젝션성공시 실행});

SQL명령문을 실행하기 위해 executeSql() 함수를 사용한다.

예]

```
db.transaction(
        function(tx)
        { //sql문 실행 ;
        },
      function(error)
        { //에러 처리실행 ;
        },
function()
        { //성공에 대한 처리;
        } );
```

Tip. SQL문

데이터베이스를 정의하고, 제어하기 위한 질의어이다.
SQL은 DBMS(Database Management System)에서 많이 사용되었으나, 최근에는 특정한 데이터베이스시스템에 한정하지 않고 여러 데이터베이스에서도 사용한다.

· **SQL 실행 및 처리 방법**

- CREATE문 : 데이터베이스의 테이블을 생성할 때 사용
  create table 테이블이름(속성 이름 자료형[not null], .. , [primary key(속성이름)
- SELECT문 : 테이블에서 레코드 검색시 사용
  select 필드이름 from 테이블이름 [where 조건문] [order by[asc]]
- INSERT문 : 테이블에 레코드를 추가시 사용
  insert into 테이블이름(필드이름) values(값)
- UPDATE문 : 테이블에서 레코드 수정시 사용
  update 테이블 이름 set 필드이름="값" [where 조건]

· **사용예**

- movie_table에 ID, name, title를 정의
  create tabe movie_table(ID char(3) not null, name char(10) not, title char(10) not, primary(ID))
- movie_table에 있는 데이터 전분 선택
  select * from movie_table
- moive_table에서 홍길동 선택
  select name from movie_table where name="홍길동"
- 테이블에 새로운 영화 추가
  insert into movie_table(ID, name, title) value('N12', '홍길동', '내부자')
- 저장된 데이터 수정
  update movie_table set title=' 내부자' where ID='N12'

제 14장
동아리 회원 가입신청서 만들기

· 학습 목표

이 장에서는 웹에서의 파일 접근 방법에 대해 학습한다.

· 학습 내용

- File객체, FileReader객체, 오프라인 파일접근

제 1 절 문서정보보기

다음과 같이 문서에 대한 정보를 파악할 수 있는 웹페이지를 만들기로 한다.

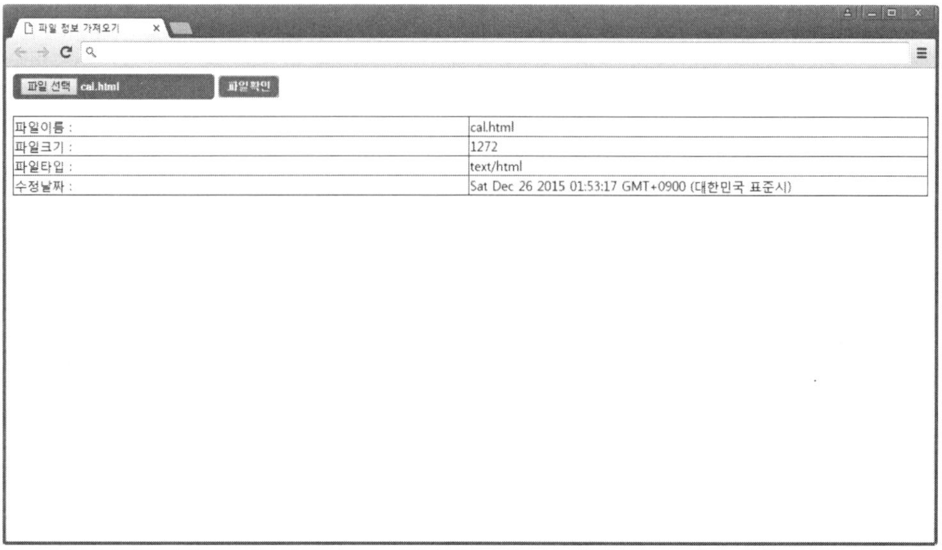

[step 1] 파일을 열어 파일에 대한 정보를 HTML문서에 출력할 수 있도록 다음 코드를 삽입한다.

```
<html>
<head>
    <meta charset="UTF-8">
    <title>파일 정보 가져오기</title>
</head>
<body>
<input class="button" type="file" id="file">
<input class="button" type="button" value="파일확인" onclick="file_info()">
<br><br>
<table id="table"></table>
</body>
</html>
```

[step 2] CSS로 버튼과 테이블의 속성을 설정할수 있도록 CSS코드를 삽입한다.

```
<html>
<head>
    <meta charset="UTF-8">
    <title>파일 정보 가져오기</title>
 <style>
table, th, td {
  border: 1px solid blue;
}table {
  border-collapse: collapse;
  min-width: 400px;
  width: 100%;
}th, td {
       width: 50%;
}.button {
    padding: 5px 10px;
    display: inline;
    background: #777 repeat-x bottom;
    border: none;
    color: #fff;
    cursor: pointer;
    font-weight: bold;
    border-radius: 5px;
    -moz-border-radius: 5px;
    -webkit-border-radius: 5px;
    text-shadow: 1px 1px #666;
    }
       </style>
</head>
<body>
<input class="button" type="file" id="file">
<input class="button" type="button" value="파일확인" onclick="file_info()">
<br><br>
```

```
<table id="table"></table>
</body>
</html>
```

[step 3] 파일을 선택후 자세한 정보를 볼수 있도록 자바스크립트 코드를 삽입한다.

```
<html>
<head>
    <meta charset="UTF-8">
    <title>파일 정보 가져오기</title>
 <style>
table, th, td {
  border: 1px solid blue;
}table {
  border-collapse: collapse;
  min-width: 400px;
  width: 100%;
}th, td {
        width: 50%;
}.button {
    padding: 5px 10px;
    display: inline;
    background: #777 repeat-x bottom;
    border: none;
    color: #fff;
    cursor: pointer;
    font-weight: bold;
    border-radius: 5px;
    -moz-border-radius: 5px;
    -webkit-border-radius: 5px;
    text-shadow: 1px 1px #666;
    }
       </style>
```

```
        <script>
    function file_info() {
    var file =  document.getElementById('file').files[0];
        document.getElementById("table").innerHTML =
                        "<tr><td>파일이름 : </td><td>" + file.name + "</td></tr>";
        document.getElementById("table").innerHTML +=
                        "<tr><td>파일크기 : </td><td>" + file.size + "</td></tr>";
        document.getElementById("table").innerHTML +=
                        "<tr><td>파일타입 : </td><td>" + file.type + "</td></tr>";

    document.getElementById("table").innerHTML +=
                        "<tr><td>수정날짜 : </td><td>" + file.lastModifiedDate +
"</td></tr>";
  };
  </script>
  </head>
  <body>
  <input class="button" type="file" id="file">
  <input class="button" type="button" value="파일확인" onclick="file_info()">
  <br><br>
  <table id="table"></table>
  </body>
  </html>
```

Tip. 파일 처리

웹스토리지는 키와 값으로 이루어진 형식으로 자료 읽지만 파일은 특정한 형식 없이 저장한 자료를 읽을 수 있다. 또한 파일은 텍스트 파일과 이진 파일의 형태로 읽을 수 있다.

파일을 읽기 위해서는 크게 파일 정보를 알아내기 위한 Filc 객체와 파일로부터 내용을 읽는FIleReader 객체를 사용한다.

웹에서의 파일 접근은 모두 파일에 해당하는 것은 아니고 사용자가 드래그 앤 드롭한 파일이나 <input>의 type속성을 file로 지정한 파일에 한해서 가능한다.

또한 웹에서는 읽기전용으로 파일을 접근하기 때문에 수정이나 삭제는 할수 없다.

Tip. 파일 정보

파일의 정보는 선택한 파일의 객체를 구한 다음 선택한 파일에 대한 속성이나 메소드를 사용하여 구한다.

· **FileList 객체**

파일의 객체를 구하기 위해서는 선택한 파일의 객체가 저장되어 있는 FileList 객체를 구해야 한다. 이 객체는 배열 형식으로 되어 있으므로 인덱스를 지정하여 파일 객체를 가져올 수 있다.

FileList객체는 드래그 앤 드롭을 할 때에는 드롭 이벤트가 발생할 경우에 파일 객체를 가져올 수 있고, <input>을 사용할 속성에 change이벤트가 발생했을 경우 파일 객체를 가져올 수 있다.

- FIle 객체는 파일에 관한 정보를 가지고 있는 객체로 name, type, lastModifiedDate, size속성를 가지며, 파일 일부를 반환하는 slice()메소드를 갖는다.

· **사용법**

```
function filecheck() {
var file = document.getElementById("file").files[0];
 alert("파일이름 : “+ file.name);
}
<input id="file" type="file" onchange="filecheck()">
```

제 2 절 HTML파일을 열어 문서열기

다음과 같이 HTML문서를 열어 웹브라우저로 실행하는 프로그램을 작성한다.

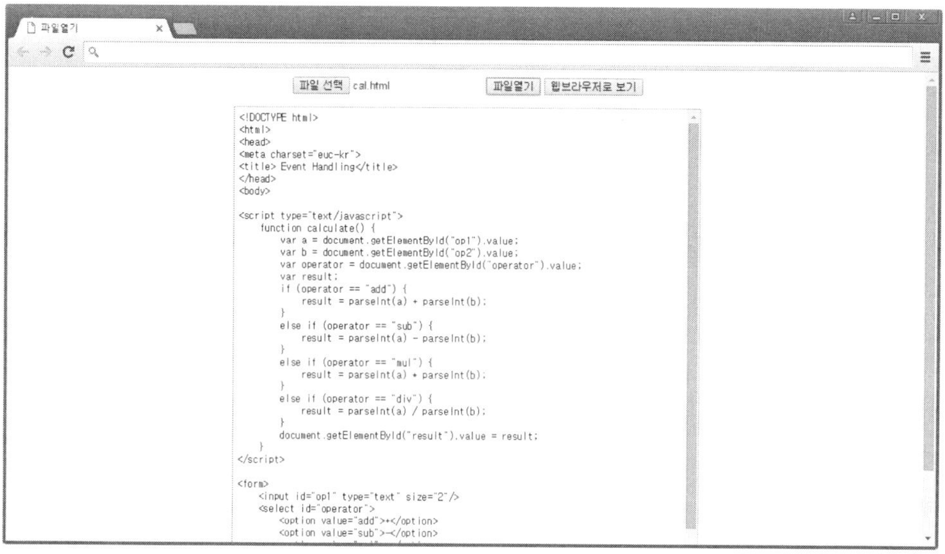

[step 1] 3개의 버튼과 textarea를 포함한 HTML문서를 다음과 같이 작성한다.

```
<HTML>
<HEAD>
      <TITLE>파일열기 </TITLE>
</HEAD>
<BODY>
      <CENTER>
      <FORM NAME="form">
          <input id="file" type="file">
      <INPUT TYPE="button" VALUE="파일열기" onClick="fileinfo()">
      <INPUT TYPE="button" VALUE="웹브라우저로 보기" onClick="Html_Display()">
      <P>
      <TEXTAREA     id="editor"     COLS="80"     NAME=editor     ROWS="40"
STYLE="padding:5; border: 2 silver solid;">
```

```
        </TEXTAREA>
</FORM>
</CENTER>
</BODY>
</HTML>
```

[step 2] 파일을 열기 위해 다음과 같이 자바스크립트 코드를 삽입한다.

```
<HTML>
<HEAD>
        <TITLE>파일열기 </TITLE>
        <SCRIPT LANGUAGE="JavaScript">

                function Html_Display()
                {
                        //var source = document.form.editor.value;
                        win=window.open("","","width=400,height=300");
                        win.document.write( document.form.editor.value);
                        return true;
                }

                function Clear()
                {
                        document.form.editor.value="";
                        return 0;
                }

        function fileinfo()
   {
     var file = document.getElementById("file").files[0];
     var reader = new FileReader();
     reader.readAsText(file, "utf-8");

     reader.onload = function()
```

```
        {
          var view = document.getElementById("editor");
          view.textContent = reader.result;
        };
    }
  </SCRIPT>
  </HEAD>

  <BODY>
        <CENTER>
        <FORM NAME="form">
        <input id="file" type="file">
        <INPUT TYPE="button" VALUE="파일열기" onClick="fileinfo()">
        <INPUT TYPE="button" VALUE="웹브라우저로 보기" onClick="Html_Display()">
        <P>
        <TEXTAREA    id="editor"    COLS="80"    NAME=editor    ROWS="40"
STYLE="padding:5; border: 2 silver solid;">
        </TEXTAREA>
        </FORM>
        </CENTER>
  </BODY>
  </HTML>
```

Tip. 파일 처리

· **File 객체**

FIle 객체는 파일에 관한 정보를 가지고 있는 객체로 name, type, lastModifiedDate, size속성르 가지며, 파일 일부를 반환하는 slice()메소드를 갖는다.

· **FileReader 객체**

FIle 객체로부터 파일 내용을 읽는 작업을 수행하는 객체로 3개의 메소드와 관련된 속성과 이벤트를 갖고 있다.

- readAsTest() : 파일을 텍스트 형식으로 읽는다.

제 3 절 오프라인에서 파일열기

이미지파일을 오프라인상태에서도 열수 있도록 매니패스트를 지정하는 프로그램을 작성해 보자. 두 개의 이미지를 출력하는 HTML문서를 작성한 후 오프라인 상태로 수정한 후 다시 웹 문서를 실행하여 캐시에 있는 파일을 열리는지 확인해보자.

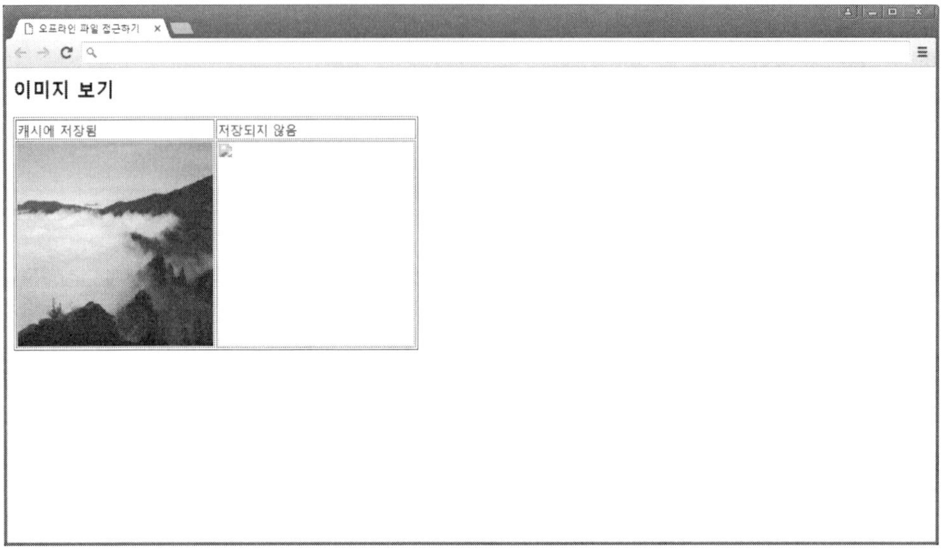

[step 1] 이미지를 출력하는 html문서를 작성한다.

```
<html manifest="cache.manifest">
<head>
<meta charset=utf-8>
<title> 오프라인 파일 접근하기</title>
</head>
<body>
<h2> 이미지 보기 </h2>
<table border>
<tr><td> 캐시에 저장됨</td> <td> 저장되지 않음</td></tr>
<tr><td><img src="a.jpg" width="250" height="250"></td><td><img src="b.jpg" width="250" height="250"></td></tr>
```

```
</table>
</body>
</html>
```

[step 2] manifest파일을 작성한다. 캐쉬에 a.jpg를 저장하고, b.jpg파일은 온라인에서 실행되도록 매니패스트 파일을 지정한다.

```
CACHE MANIFEST
CACHE:
a.jpg

NETWORK:
b.jpg
```

Tip. 오프라인 접근

HTML5는 네트워크가 오프라인 되었을 때도 웹 애플리케이션이 작동될수 있도록 오프라인 웹 애플리케이션 기능을 제공한다. 일반적으로 웹 애플리케이션은 네트워크 연결이 없으면 올바르게 작동하지 않지만, 이미 서버에서 가져온 내용을 살펴보는 작업은 가능하다. 오프라인이더라도 통신이 필요한 부분을 제외하고 작동될 수 있다. 이와 같이 오프라인 상태에서 사용가능한 것은 웹에서 사용하는 여러 페이지와 파일들을 사용자PC에서 캐시로 저장되기 때문이다. 여러 파일 중 어떤 파일을 PC와 같은 기기에 저장해야 하는지를 지정하는 매니페스트 파일과 저장기능인 애플리케이션 캐쉬가 있어야 한다. 또한 네트워크가 연결될 경우 자료를 갱신하고 오동작을 하지 않도록 네트워크 연결이 온오프되는 시점을 알려주는 이벤트가 필요하다.

· 매니페스트 파일(manifest file)

매니페스트은 html파일, css파일, js파일,리소스 파일 등과 같은 파일 중에 어떤 파일을 보관할 지를 지정하는 파일이다. 매니페스트 파일은 .manifest 확장자를 가진 파일이며 다음과 같은 형식으로 지정해야 한다.

· 사용법

- *.manifest

```
//cache부분
CACHE MANIFEST
README.html
INFO.html
image.jpg

//netowrk부분
NETWORK:
image_chcek.jpg
pwd_chcek.html
pwd.js

//fallback부분
FALLBACK:
index.html
```

- 웹 문서에서 사용

```
<html manifest="*.manifest">
    .....
</html>
```

Tip

이 예제는 서버에서 실행을 해야 올바른 결과를 확인할 수 있다. 서버에서 MIME 타입을 지정해야한다.